KB269015

세계로 미래로

글로벌 매너 에티켓

김 진 익 교수 著

머리말

　국경이 없고 세계가 하나의 공동체로서 더불어 살아가야
하는 지구촌의 시대를 맞이하여, 세계 시민 정신으로 세계
문화 발전에 기여하기 위해서는 새로운 발상으로의 전환과
부단한 행동혁신이 요구되는 중요한 시점에 와 있다. 이러한
시대적 상황 속에서 우리 고유의 것을 망각하고 외국의 것을
무비판적으로 받아들인다면 결국 세계 속에 우리가 설 자리
는 없어지고 말 것이다. 따라서 국민 개개인 모두는 올바른
가치관과 정체성(Identity)을 갖고 우리 고유의 것을 살리고

전승시키면서 또한 외국의 문화를 습득하여 세계화에 걸맞는 매너와 에티켓을 갖추어야 하겠다. 국민 개개인 모두가 세계 어디를 가든 환영받을 수 있는 인간미, 도덕성, 예의범절, 에티켓을 갖추었을 때 명실상부한 세계 속의 한국을 건설할 수 있을 것이다.

오늘날 만연하고 있는 사회문제들은 인간성 상실에 따른 가치관의 혼돈에서 비롯된다고 생각한다. 우리 나라는 옛부터 동쪽에 있는 예의바른 군자의 나라로 불리어 왔다. 왜곡되어 가는 인간성을 회복하고 다가오는 미래사회를 대비하여 원숙한 질서와 인간의 가치를 새롭게 창출해 가기 위해서는 예절에 대한 올바른 인식과 아울러 그에 부응하는 행동예절을 몸에 익혀 생활화하는 지혜가 필요하다.

간혹 오해하여, 예절이라는 것이 까다로운 격식과 복잡한 규칙으로 행동을 제약하는 규범이라고 생각하는 경향이 있다. 하지만 바른 예절의 실천이라는 것은 상대에 대한 존경과 신뢰를 표현하는 최소한의 행동양식인 것이다.

그러므로 예(禮)를 통한 인간성 회복과 새로운 가치관 정립은 세계화를 향해 나아갈, 세계화시대에 없어서는 안 될 필수요건이며 비즈니스 활동의 근본이라 하겠다.

세계화의 물결에 따라 외국으로 여행하거나 외국인들이

우리 나라를 방문하는 것은 이제 내집 문턱을 넘나드는 것처럼 일상화되어 가고 있다. 이를 위해 다른 문화권에 대한 깊은 관심과 이해를 바탕으로 성공적인 비즈니스 활동이나 교류를 해 나가기 위해서는 개별국가에 대한 다양한 환경이나 풍습을 바로 익힐 수 있도록 노력해야 한다.

오늘날 치열한 세계 경쟁 속에서 살아남기 위해서는 지구촌 수준에서 온 인류와 통합·협력하면서 살아가야 하므로 우리 모두가 세계인화되어야 하겠다. 우리 모두 동방예의지국의 긍지를 가지고 한국인의 정신 즉 공동체 정신으로 우리의 전통 문화를 익히고 실천하면서 세계 고객을 감동시키고, 세계 매너와 에티켓을 실천하면서 지구촌의 한 사람으로 살아간다면 반드시 세계 속의 일등 국민이 되고 일류 국가로써 신한국 건설에도 이바지하게 되리라 확신하는 바이다.

이 책을 통해 진정한 예절문화가 뿌리를 내리고 우리 나라의 기업들이 세계 속의 초일류 기업으로 도약하는 데 도움이 되었으면 하는 것이 간절한 바람이다.

저자 김진익

제 3 장　사회인의 공중 · 스포츠 매너 · 199

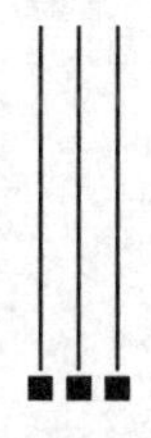

제 **1** 장
세계화, 매너 · 에티켓

세계화 · 복합화가 초일류를 만드는
길이라면 그 밑바탕은 매너와 에티켓이다.
인간이 도덕성을 지니고 나라별
의전 · 풍습 · 에티켓 · 매너를 몸에 익혀 두는 것은
세계화의 기본이다. 해외로
여행하는 사람은 국가를 대표하는
민간사절이다. 한국인의 긍지를 가지고
세계로, 미래로…….

1. 세련된 매너와 에티켓

(1) 에티켓(Etiquette)이란

① 불어에서 유래되었으며, Savoir Faire란 말과 함께 쓰인다. 이는 '훌륭한 태도' '훌륭한 혈통' '세계에 대한 지식'을 말하며, 세계화시대의 기본이다.
② 외국인을 접대할 때는 그 나라에 대한 의전 · 풍습 · 에티켓 · 매너 등을 먼저 알아 두는 것이 상담 자체보다 중

요할 때가 많다. 이를 위해서는 그들이 마치 자기 집에서 머무는 것 같이 편안하게 느낄 수 있도록 해주는 이해심과 상대를 헤아리는 마음이 필요하다.

③ 서양에서의 에티켓이란 상대를 인정하고, 상대에게 폐를 끼치지 않으며, 상대를 존중하는 것이다. 또한 남의 나쁜 태도에 대하여는 일체 언급하지 않으며, 남을 당황하게 하는 어떤 일도 하지 않는 것이다.

④ 세련된 매너와 에티켓은 지구촌의 일원으로서 함께 더불어 살아가는 우리 생활에 감미로움과 매력을 주며, 풍요로운 보상을 안겨 준다.

> *에티켓은 프랑스 베르사유 궁전 화원에 세워진 '출입금지' 입간판에서 유래하였다.
>
> ESTIQUIER→ESTIQUETTE→ETIQUETTE

(2) 국제 비즈니스 대화 에티켓

1) 언쟁은 피한다
① 부드러운 대답은 분노를 물리친다.
② 고객이 논쟁을 하려들면 냉정을 유지하여 잘 들은 다음
부드럽게 질문하도록 한다.
③ 합리적인 의논이 논쟁으로 악화되지 않도록 노력한다.
④ 정치적, 개인적인 일 또는 가치관에 관여치 않는다.

2) 고객이 무엇을 생각하고 있는지 측정한다
① 질문을 잘하는 것은 고객 접대뿐 아니라 모든 사업 측
면에도 귀중한 기술이다.
② 잘 듣는 것도 고객에 대한 관심을 보이는 것이다.
③ 사실을 추적하고 숨겨진 진의를 찾아낸다.
④ 고객의 모국이나 개인 의견을 비난하는 것은 삼가
⑤ 상대를 가르치려고 하는 것은 금물

3) 자신의 체험을 이용한다
① 일반론을 피한다. 자신의 체험을 예로 들거나 서로 다
같이 존경할 만한 제3자를 예로 든다.

② 고객의 질문에 적절히 답변하고 모르는 상황은 다시 물어 확인한다.
③ 개인적인 체험은 어떤 논쟁에서도 가장 훌륭한 증언이 된다.

4) 합리적이 되어야 한다
① 상담 때 제2외국어를 사용하게 될 경우 의도보다 강하고 거칠게 표현될 수 있다.
② 타 문화권의 사람은 미사여구에 더욱 감동한다. 공손함에는 지나침이 없기 때문이다. 이의를 표현할 때도 되도록 상냥하게 표현한다.
③ 대화에는 여섯 가지 질문을 응용하는 것이 좋다(누가, 무엇을, 언제, 어디서, 어떻게, 왜).

> **What** : 모국의 날씨는 이곳에 비해 어떻습니까?
> **When** : 언제 떠나십니까?
> **How** : 얼마 동안이나 집을 떠나 계셨습니까?
> 　　　비행기 여행은 어땠습니까?
> **Where** : 한국의 다른 곳을 방문한 적이 있습니까?
> **Why** : 이곳에 오신 것은 사업 때문입니까, 아니면

관광 때문입니까?

Who : 여행중 누구와 동행합니까?

이렇게 질문하고 대답에 따라 여섯 가지 중에 어느 것이나
선택하여 반복한다. 질문은 고객의 말을 경청하므로써 고객
이 중심이 되었다는 느낌을 준다.

2. 사업상 에티켓의 역할

① 에티켓은 살아감에 있어 우리의 생활을 평화롭고 생산적인 것으로 만드는 우아한 역할을 한다.

② 상이한 문화적 요구에 따라야 하는 외국 여행시에는 융통성과 적응력을 필요로 한다.

③ 의전이란 단어는 '접착제'라는 그리스어에서 유래되었으며, 실제로 의전은 우리 사회의 공식적인 생활에 접착제가 되고 있다. 지방, 국가, 국제간에 의전은 조직이나 정부

의 공인간의 행동에 최소한의 마찰과 최대한의 효과를 높
이는 필수 요건이 되고 있다.

④ 경쟁이 치열한 국제적 사업에서 모든 문화권에 대한 적
절한 대응과 이해심은 제품의 품질, 가격과 비교해 대등한
중요성을 지닌다.

⑤ 미국 위스콘신 주에 있는 JOHNSON WAX CO.는 고객
접대를 위하여 'The Council House'라는 시설을 갖추고 매
년 수백 명의 외국인을 전문적으로 접대하고 있다고 한다.

⑥ 무한경쟁의 세계화, 개방화 시대에 에티켓의 역할은 비
즈니스를 성공시키는 윤활유가 된다.

3. 해외 출장 에티켓

(1) 해외 출장을 떠날 때

회사를 대표해서 떠나는 해외 출장은 회사에 대한 긍지를 가지고 공중도덕을 철저히 지켜 예의바른 모습을 보이도록 한다.

1) 빈틈없는 출장계획

① 여행 목적에 맞춘 세부 계획서 작성

- 일정표
- 방문처 및 방문 업무 처리 계획
- 호텔 및 교통 이용 계획
- 경비 사용 및 환전 계획

② 여권 발급, 해당국의 비자 신청, 항공권 예약 및 구입 관계 확인

③ 출장 기간 동안 회사 업무 처리에 차질이 없도록 업무 인계와 협조

④ 여행국에 대한 정보 수집(기후, 물가, 풍습, 교통, 금기사항, 언어 등)

⑤ 협조를 받을 수 있는 현지 연락처 파악(전화 사용 요령 숙지)

⑥ 비상시를 대비한 의약품 준비

⑦ 여행 가방은 탁송용(큰 가방) 1개, 휴대용(기내용) 1개 휴대

⑧ 여행국에서 필요한 생활 회화 숙지

⑨ 경험자와 상의하여 모든 일정과 물품에 대한 목록 작성

⑩ 한 나라에 2회 이상 입국시 복수 비자 신청

• 비자

—사용 횟수에 따라 : 단수 비자, 복수 비자

—체류 기간에 따라 : 임시 비자, 영주 비자

—여행 목적에 따라 : 통과 비자, 방문 비자, 업무 비자,
학생 비자, 이민 비자 등

2) 공항에서

① 여권, 항공권, 외화는 반드시 몸에 지니도록

② 외화 환전은 한도 범위 내에서 업무에 필요한 만큼만

③ 출국 안내 방송을 잘 듣고 행동

④ 출입국 심사는 여권과 비자가 유용한지를 확인하고 국제 범죄 등에 대하여 조회

⑤ 출발 예정 두 시간 전에 공항에 도착하여 출국 수속

• 대한항공, 아시아나항공 : 신청사(한국—2청사)

• 기타 항공사 : 구청사(한국—1청사)

⑥ 항공사의 체크인

• 여권, 항공기표, 수화물 지참 후 해당 항공사 카운터에서 수속 의뢰(탁송 수화물 가방에는 술병, 폭발성 물건, 오염 우려 물질 금지)

• 탑승권(Boarding Pass) 수령 후 국제 공항 이용권을

은행에서 구입

• 만 30세 미만인 남자는 공항 청사(2층)에 위치한 병무청에 해외 여행 신고

• 국제 공항 이용권은 출국시 공항 출국장(3층) 입구 직원에게 제출

＊공항에서 긴급 사항 발생시는 휴대폰 또는 무전기를 소지한 공항 직원에게 협조 요청

3) 출국 수속 절차

① 보안 검사(Security Inspection) : 항공기의 안전 운항에 문제가 될 수 있는 물품의 소지 여부 검사

② 검역(Quarantine) : 전염병 발생 지역으로 여행하는 경우 시행되나 일반적으로 생략

③ 세관 신고(Customs) : 고가의 외제품(카메라, 시계 등 과세대상 품목)은 세관원에 사전 신고

④ 출국사열(Immigration Office)

  • 출국사열대에서는 여권, 항공기 탑승권, 출입국 신고서를 제출

  • 출입국 관리소의 사열관은 서류 검토 후 여권에 출국 일자와 공항명이 적힌 스탬프를 찍은 다음 출입국 신고서의 출국 신고서는 회수하고 입국 신고서는 여권, 탑승권과 함께 돌려줌

  • 돌려받은 입국 신고서는 귀국시 제출용이므로 여권과 함께 잘 보관한다.

  * 출입국 신고서는 절취선 좌우로 하여 한쪽 면을 보관케 하고 있음

⑤ 한국 출입국 신고서 기재 사항

  • 성명(한글, 한자)

• 생년월일(주민등록번호)

• 여권 번호

• 항공기명

• 직업

• 주소, 전화번호

• 여행 목적

• 목적지, 출발지

⑥ 탑승 대기

• 출발 수속 후 보세 구역인 탑승 대기실에서 기다림

• 탑승 대기실에는 면세 상점이 있으므로 간단한 쇼핑 가능

• 출발 30분 전에 항공기에 탑승하게 되므로 출국 안내 방송이 나오면 탑승권을 가지고 해당 탑승구(GATE)에서 질서 있게 탑승

〈출국 수속〉

항공권 제시→탑승권 받음→수화물 계량→
특정 물품의 세관 신고→출국 심사→탑승

4) 입국 수속 절차(외국)

① 상대국 입국 심사시에는 출입국 신고서(I/D 카드)와 여권이 필요(필요시 영어 또는 현지 언어로 기록하며, 체류 장소는 호텔명까지 기록)

② 입국사열

• 여권, 입국 신고서를 입국 심사관에게 제출(술, 담배 등은 기준량을 초과하지 않도록)

③ 탁송 수화물 회수

• 입국사열대를 통과 후 탑승 항공편 수화물 회수대로 가서 pick up

④ 세관 검사

• 세관 검사대에 가서 여권과 세관 신고서를 제시

• 가방을 열게 하고 검사하므로 사전 준비

• 후진국에서는 과세물품 유무와 관계없이 '세관 신고서'를 작성 제출하나 대부분의 국가에서는 과세 대상 품목이 있을 경우에만 작성

5) 기내에서

가. 안전 점검

① 지정좌석에서 안전벨트 착용(표시등 점등시)

② 기내의 화장실 위치를 알아 두고 사용시 안에서 잠금
(남녀 구분이 없으며, 잠그지 않으면 비어 있다는 표시등 켜짐)

③ 기내 면세품(주류, 담배 등)은 꼭 필요한 것만 구입

④ 기내에 가져간 가벼운 수화물은 머리 위 선반에 넣고
무거운 것은 발 앞에 놓음(안전을 위해)

⑤ 구명복 착용에 대한 안내 방송 경청

⑥ 기내 좌석에는 1등석(First Class)과 2등석(Economy
Class)이 있고, 그 사이에 우대석(Prestige / Executive Class)
이 있다.

⑦ 기내에서 음료, 식사, 잡지 등의 서비스를 제공받으면
감사의 인사를 전한다.

⑧ 스튜어디스에게도 에티켓을 지켜야 하며, 팁이 없는 것
이 세계적 관습이다.

⑨ 기내에서는 기압 변화로 만년필의 잉크가 새어 나오므
로 주의한다.

나. 기내에서의 유의사항

① 좌석 배치 순서는 앞에서 뒤로는 번호순, 옆으로는 알파벳순(예 : 1A, 16C 등)

② 좌석 벨트 착용 : 표시등(FASTEN SEAT BELT)

- 착용(TO FASTEN)
- 조임(TO TIGHT)
- 푼다(TO UNFASTEN)

③ 금연 표시등(NO SMOKING SIGN)

- 이착륙
- 금연 구역
- 화장실 내(NO SMOKING IN LAVATORY)

④ 수화물 보관(BAGGAGE)

- 가벼운 것은 머리 위 선반(HEAD BIN)
- 무거운 것을 선반에 무리하게 올려 놓지 않도록(안전)
- 무거운 수화물은 '발 앞 의자 밑'

⑤ 충격 방지 자세(EMERGENCY POSITION)

- 안전벨트 착용 확인
- 여성이나 어린이는 발목을 잡고 구부림
- 남자는 양팔을 X자로 앞 의자에 밀착 자세

⑥ 구명복 착용(LIFE VEST)

- 의자 밑에 보관
- 머리 위로 해서 입고
- 허리 부분의 끈 조임
- 손잡이 아래로 잡아당김
- 팽창이 덜 되었을 때는 빨간 고무관으로 공기를 불어 넣음
- 물 속에서는 벨트 앞쪽 노란 끈을 당기면 비상등 켜짐

⑦ 화장실(LAVATORY)

- 비어 있음(VACANT)
- 화장실 내 금연(NO SMOKING IN LAVATORY)

⑧ 용무가 있으면 스튜어디스에 문의

(2) 해외 출장에서

1) 호텔에서

① 공항에서 시내로의 교통은 항공사의 전용 버스 이용

② 호텔 예약이 안 된 경우는 공항의 관광 안내소나 교통 알선 창구 이용

③ 호텔에 도착하면 예약 사실 확인 후 체크인(Check In)

④ 룸에 비치된 안내 책자를 활용해 모닝 콜, 세탁물 의뢰, 호텔 구조, 비상구, 호텔 내 시설물 등을 알아 둔다.

⑤ 열쇠는 방에 둔 채 잠그지 않도록 주의하고, 외출시 프런트에 보관

⑥ 투숙 호텔 이름과 전화번호는 메모해서 몸에 지님

⑦ 욕실 사용은 욕조 안으로 커튼을 들여놓고 샤워를 하며, 욕조 밖으로 물이 흘러나오지 않도록 주의

⑧ 침대 사용은 침대 커버를 벗겨 정돈해 놓고 이불 속으로 들어간다.

⑨ 침대, 욕조, 냉장고 등은 깨끗이

⑩ 룸에서 나올 때는 복장을 단정히

⑪ 나라별 관행에 따라 팁 준비

⑫ 공중 도덕 준수(소란, 음주, 도박 행위 삼가)

2) 세계인과의 사교 매너

가. 상담시의 기본 매너

① 나라에 따른 매너와 에티켓에 유의

② 약속 시간을 꼭 지킨다.

③ 옷차림에 신경쓰도록 한다(관광할 때 이외에는 청바지
나, 스웨터, 운동화, 티셔츠, 반바지 차림은 삼가).
④ 악수는 상대의 눈을 바라보면서 밝은 표정으로
⑤ 명함을 사용해서 적극적으로 자신을 알리고 좋은 인상
을 남기도록
⑥ 명함에 영문 표기가 안 된 경우는 자신의 이름과 전화
번호 등을 직접 써서 건네 준다.
⑦ 각 나라마다 부르는 호칭이 다르므로 사전에 물어서 확
인해 둔다.
⑧ 대접받은 음식은 기쁜 마음으로 맛있게 먹는다.
⑨ 정치와 종교, 남녀 성차별에 관한 문제는 함부로 판단
해서 말하지 않는다.
⑩ 민간 외교관이라는 긍지를 가지고 행동
⑪ 소개는 남성을 여성에게, 연소자를 연장자에게, 하급자
를 상급자에게 먼저 소개

나. 세련된 선물 매너와 에티켓
① 일본인에게 선물할 때 4는 피한다(死).

  • 선물할 때 흰 종이로 포장하지 않는다.

  • 흰 꽃(사망 상징)이나 칼(자살 상징)은 선물하지 않는

다.

② 중국인에게는 괘종시계를 선물하지 않는다.

③ 홍콩 사람에게는 두 가지 선물을 한다(행운을 가져온다고 믿기 때문에).

④ 중동에서는 손수건을 선물하는 것은 이별을 의미하므로 적합치 않다.

⑤ 라틴 아메리카인에게는 칼을 선물하지 않는다.

- 상담은 바로 시작하지 않는다.

⑥ 멕시코와 브라질에서 자줏빛 꽃은 사망을 의미한다.

- 브라질인에게 'OK'라는 제스처를 취하지 않는다.

⑦ 유럽에서는 흰 국화는 사망을 상징한다.

- 유럽에서 짝수의 꽃은 불행을 가져온다고 생각하므로 홀수로 하되 13송이는 피한다.

⑧ 독일인에게 빨간 장미는 구애를 뜻한다.

- 꽃을 선물할 때 포장하지 않는다.

- 꽃을 짝수로 선물하지 않는다.

⑨ 중동 사람에게 몸을 일부라도 노출시킨 여인의 사진 또는 애완동물 사진은 선물로 적합치 않다.

⑩ 말레이시아인에게 탁상시계를 선물하지 않는다.

⑪ 프랑스인에게 카네이션을 선물하지 않는다.

⑫ 하와이에서는 화장실 사용시 출입구 밖에서 기다려야
한다(문 앞 또는 바로 뒤에서 기다리는 것은 새치기).
⑬ 사우디아라비아에서 라마단 기간(이슬람력 9월)중 흡연
하면 처벌받는다.
⑭ 일본인이나 대만인의 등 뒤에서 손뼉을 치지 않는다.
⑮ 영국인에게 '생계를 위하여 무엇을 하십니까?'라고 묻
지 않는다.
⑯ 러시아(모스크바) 레스토랑에서는 수주일, 수개월 전에
예약해야 하며, 특히 시간과 금전 약속을 못 지키면 신용
상실
⑰ 서구사회에서는 예약 문화 못 지키면 생활 자체가 불가
능하다(병원에도 사전 예약 최우선, 몸이 아프면 예약부터).
⑱ 서구 예절의 기본은 레이디 퍼스트(Lady First) 관념에
바탕을 두고 있다(다른 에티켓이 뛰어나도 여성에 대한 배
려를 못하면 진정한 신사가 아님).

3) 관례상 서열의 기준
① 외국인
② 고객의 친구 중 초면의 사람
③ 과거 공직에 있던 사람

④ 처음 방문한 사람

⑤ 가끔 초대받은 사람

⑥ 자주 오는 고객

4) 여행중 곤란한 일이 생기면

① 여권을 분실했을 때는 한국 대사관이나 영사관에서 재발급을 받는다.

② 길을 잃었을 때는 택시를 타고 투숙 호텔로 가거나 관공서를 찾아 안내를 받는다.

③ 신용카드를 분실했을 때는 현지 제휴 은행에 신고해서 카드 무효 수속을 밟는다.

④ 가급적 개인적인 외출을 삼가고 외출시는 2인 이상 동행한다.

⑤ 방문처의 위치, 교통편을 사전 숙지하고 여권은 늘 소지한다.

⑥ 수상한 행동을 금하고, 교통 법규를 준수하며, 현지 법규 위반으로 경찰 조사시 합법적으로 처리하도록 한다.

(3) 입국 수속(귀국)

① 입국사열
　　• 출국 때 작성한 입국 신고서에 입국 항공편, 출발지
를 기입한 후 여권과 함께 입국 심사관에게 제출
　　• 입국 신고서를 분실했을 때는 기내에서 양식을 얻어
다시 작성 후 제출
② 탁송 수화물 회수 : 입국 사열대 통과 후 탁송 수화물이
있으면 탑승 항공편 수화물 회수대에서 짐을 찾음
③ 세관 검사 : 기내에서 작성한 세관 신고서 제출
　　• 과세대상 품목이 없을 경우 녹색 신고대로 통과
　　• 고가의 과세대상 품목이 있으면 적색 신고대에서 검사

(4) 해외 출장 결과 보고

① 귀국 즉시 회사에 알리고 보고서에 앞서 구두로 출장
결과 보고
② 사용 경비 내역은 출장 결과 보고와 함께 서면으로 제출
③ 수집한 자료, 서적, 정보 등은 다음 출장 때 참고가 되

도록 잘 정리하여 자료실에 비치

④ 전달회를 통해 다른 많은 직원들에게 전달 교육

⑤ 회사 경영에 벤치마킹할 사항은 적극적으로 안건이 반
영되도록

⑥ 세계화시대에 변화의 주도자(Change Agent)로서 리엔
지니어링(Reengineering)에 앞장선다.

4. 이문화 적응과 나라별 비즈니스 에티켓

(1) 아시아 · 오세아니아

1) 싱가포르(Singapore, 싱가포르)
① 언어는 영어(공용어), 중국어, 말레이어, 타밀어
② 종교는 불교 · 도교, 말레이계는 회교, 인도계는 힌두교
③ 대부분 일방통행이므로 자동차 운전시 거리 표지판을
잘 보고 운전

• 한국과 반대편에 운전석(우측 운전대), 우측 차선

• 음주운전 사고로 적발되면 형사 처벌

• 불법 주차는 벌금 또는 견인

④ 방문 및 초대 때는 간단한 선물 지참

• 식사시간 방문은 피하고 장시간 체류를 금할 것

• 주인 안내 없이 집 안 내부를 둘러보지 말 것

⑤ 담배 꽁초나 쓰레기를 함부로 버리면 벌금(1일 거리 청소 및 언론에 사진·명단 게재)

• 공공건물의 에어콘이 나오는 실내에서 흡연시 벌금

• 마약이나 향정신성 의약품 소지자는 사형

⑥ 상담을 할 때는 상담 용건 미리 통보

• 약속은 미리 재확인할 것

• 업무시간, 상담중 또는 회의중 금연

⑦ 식당에 도착시 입구에서 종업원의 안내를 받을 것

• 식사중 요란한 소리내지 말도록

• 상대방과 식사 속도를 맞추도록

• 상대방에게 술을 권하거나 시끄럽게 떠들지 말 것

⑧ 'FINE'(좋다, 벌금)의 나라

• 새들에게 모이 주면 벌금(새들의 본연의 임무인 해충 박멸을 막는다는 이유로)

• 자기 집 이외의 전국이 금연 지역

• 자기 집 앞에 빗물 괴어 있으면 벌금

• 공공장소에 쓰레기 버리면 벌금

• 공공장소 화장실 이용 후 물을 내리지 않으면 벌금

⑨ 마약 및 무기 소지를 엄격히 규제

2) 일본(Japan, 도쿄)

① 언어는 일본어

② 종교는 신도(神道), 불교, 기독교 등

③ 국민성

• 인내, 친절, 예절, 겸손을 최고의 덕으로 여김

• 단결, 집단 우선 정신과 양면성

• 상하관계 중시

• 흑백 논리, 직설적 표현 삼가

• 기록 중시

• 조화 중시

• 강자에 약하고 약자에 강한 편

• 상대방의 입장을 고려 후 행동

• 영어는 학식

• 질투심이 강한 민족

- 질서의식
- 깨끗한 환경
- 울창한 산림 보존
- 팁은 없는 것이 보통

④ 상관습

- Face to Face 상담
- 엄격한 납기 요구
- 약속과 신뢰관계 중시
- 회사보다 개인 거래 중심
- 사전 교섭의 중요성
- 호칭은 직책만 언급
- 인사는 깊이 숙일수록 좋음
- 등 뒤에서 손뼉치지 않음
- 거래는 장기적 안목에서 끈기를 요함
- 열성적이고 진지한 상담 자세
- 고품질 감각(100% 품질보증)
- 일상적 커뮤니케이션이 중요
- 담당자와의 인간관계
- Bottom-Up식 의사결정
- 먼저 명함 교환, 악수는 나중

• 악수시 손을 꽉 잡지 않음

• 상담은 가벼운 화제부터 시작

• 형식을 실제만큼 중요시

• 선물 준비

• 100% 완벽주의

⑤ 금기사항

• 4와 9를 싫어한다.

• 대중 앞에서 껌 씹는 행위

• 고압적인 자세

• 경쟁사 비방

• 특정인 편애

• 특정 종교 이야기

• 젓가락으로 집어올리는 음식을 자기 젓가락으로 떼
어주는 행위

• 보행시 남을 흘겨보는 행위

• 먹다 남은 음식을 쓰레기통에 버리는 행위

⑥ 거리에서 주의사항

• 껌, 담배 꽁초, 휴지 버리지 않도록

• 수상한 행동 삼가

• 새치기, 잡담 금지

- 옆 사람과 부딪쳤을 때 "스미마셍"
- 보행중 흡연 삼가
- 횡단보도에서 교통 법규 준수

⑦ 호텔에서

- 2~3일 전 예약(투숙하지 않을 경우 취소)
- 큰 소리 잡담 금지
- 단정한 용모 복장
- 행동에 앞서 에티켓을 생각
- 팁 없음

⑧ 식당에서

- 안내받을 것
- 식사 후 곧 일어날 것(기다리는 사람을 생각)
- 식사비 각자 부담 일반화(Dutch Pay)
- 일본식 테이블 매너 유의
- 팁 없음

⑨ 교통

- 자동차의 차선과 운전석은 우리 나라와 반대
- 보행자 우선
- 경적 금지
- 음주 운전 금지(구속)

• 주정차 조심(견인 속도 빠름)

• 차량 신고는 원칙대로 처리

⑩ 관혼상제

• 초대받았을 때만 방문

• 혼인 예식 남자 예복은 검은 양복에 흰 넥타이, 장례
식 예복은 검은 양복에 검은 넥타이

• 축의금은 1, 3, 5 등 홀수(나누어지지 않는다는 의미)

• 콤비 착용 거의 없음

• 반팔 와이셔츠, 흰 양말 삼가

⑪ 음주 · 흡연

• 술은 다 비우기 전 첨잔(술을 받을 때는 머리를 숙여 고
마움을 표시)

• 술잔은 돌리지 않음

• 폭음 금지

• 금연 구역에서는 철저한 금연

• 보행시 흡연 금지

⑫ 가정방문

• 흰 종이 포장(죽음 상징)이나 칼(자살 상징)은 피하도록

• 늦은 시각까지 머무르지 않음

• 사전 방문 허가

• 부엌 들여다보지 말 것

⑬ 거래선 방문과 선물

• 사전예약

• 명함 준비

• 중복 질문 삼가

• 선물 준비(¥3,000~5,000)

• 배우려는 자세(자기과시 금지)

• 선물은 흰 종이 포장 피함

• 선물은 4개 피함

⑭ 일반 관습

• 자신을 가리키는 제스처는 오른쪽 엄지손가락으로
자신의 코를 가리킴

• No 표시는 코앞에서 오른쪽 손바닥을 좌우로 흔든다.

• 신사참배시 손바닥을 두 번 두드림

• 세수를 할 때 목을 씻지 않음

• 쇼핑시 진열상품에 손대지 않음

• 몸에 밴 친절과 질서 의식

• 식사시 밥그릇이나 된장국의 그릇은 손에 들고 먹으
며, 식탁에 놓은 채 먹지 않음

• 일본식 가정에는 기본적으로 방문을 잠그지 않음

3) 홍콩(Hong Kong)

① 언어는 영어와 광동어

② 종교는 불교와 도교가 대부분

③ 차량이 한국과 반대로 좌측 통행이므로 길을 건널 때
좌우를 살필 것

- 현금 · 귀중품은 호텔 금고에 보관
- 야간에는 뒷골목 출입 금지

④ 식당은 중상급 이상의 식당 예약을 하는 것이 관례

- 중요한 손님을 초청할 경우에는 별도 룸 예약
- 식당 입구에서 종업원의 안내
- 요금은 식사가 끝난 후 앉은 자리에서 지급
- 계산서에는 통상 10%의 봉사료 포함(서비스 질에 따라 2~5% 추가 지급)
- 고급 식당 이용시 가능한 한 정장 착용

⑤ 거래선 방문시 반드시 사전 약속

- 중요한 거래처인 경우 선물 준비
- 절친한 사이가 아닌 경우 상대방을 끌어안거나 어깨 동무하는 등의 과장된 표현은 금물
- 상대방과 대화 도중 팔짱을 끼지 않는다.
- 약속시간보다 10분 정도 일찍 도착

⑥ 운전시 신분증(ID, 여권)과 운전 면허증 휴대
　　• 일방통행이 많으므로 표지판을 잘 확인
　　• 교통경찰에게는 심하게 항의를 하거나, 금품을 주는
행위는 삼가
　　• 트럭, VAN 등 대형차에는 양보
　　• 주차는 지정된 곳이나 주차장을 이용
　　• 도난사고가 있으므로 경보장치나 잠금장치로 사전
예방
⑦ 선물은 여분 준비(약속 인원보다 많이 나오는 경우가 더
러 있음)
　　• 남자 거래선에게 부인용 선물을 하면 선물을 2번하
는 효과
　　• 여자에게 속옷 선물은 금물
⑧ 크리스마스, 연말, 개업식 등의 파티에는 정장 착용
　　• 파티 참석에는 끝날 때까지 자리를 지킬 것
⑨ 공무원에게 팁을 주는 것은 불법
⑩ 가정방문
　　• 작은 선물 준비
　　• 깨끗하고 단정한 복장
　　• 주인의 안내 없이 집안 구경을 하지 말 것

• 너무 늦게까지 있지 말 것

⑪ 관혼상제

　• 결혼 : 신랑, 신부에게 적당한 수준의 선물이나 현금
　　　　을 빨간색 봉투에 넣어 전달
　• 장례 : 검은색이나 짙은 양복 착용. 선 자세로 고인
　　　　(故人)에게 3번 절. 조의금은 흰색 봉투 사용
　　　　하고 큰 소리로 우는 경우 없음

⑫ 음주 및 흡연

　• 건배시 이야기할 덕담을 미리 현지어로 준비
　• 술을 강요하거나 술잔을 돌리지 않는다.
　• 담배 피우기 전에 금연 지역 여부 확인

⑬ 사회관습

　• 철저한 자본주의하에서 주요 대화 내용은 돈·장사
에 관한 것
　• 홍콩 주권의 중국 반환에 대한 불안감으로 해외 이
민을 생각하는 사람이 많으므로 대화중 상대방의 입장
고려
　• 단기간의 거래 성사 추진보다 거래선과의 인간관계
형성에 주력할 것

4) 말레이시아(Malaysia, 콸라룸푸르)

① 언어는 말레이어(공용어), 중국어, 타밀어

② 종교는 이슬람교(헌법상 국교), 불교, 힌두교 등

③ 차량이 한국과 달리 좌측 통행

　•길을 물을 때는 자신을 간단히 소개. 중국인과 외모상으로 구분이 안 되기 때문

　•택시는 가급적 콜택시 이용(특히 야간)

④ 호텔에서

　•노출이 심한 복장으로 복도나 로비에 나오지 않는다.

　•방에 현금이나 귀중품을 놓지 않는다.

　•밖에서 산 음식물을 방으로 갖고 오지 않는다('두리안'이라는 과일은 공공장소에 반입 금지).

⑤ 현지인과 식당에 갈 때는 사전에 현지인이 갈 수 있는 곳인지 확인(다민족 국가)

　•음식값 계산은 후불이며, 식탁 테이블에서 한다.

　•식당은 사전에 예약

　•식당에 들어서서 종업원의 안내를 기다린다.

　•음식은 한 번에 많이 시키지 않고 남기지 않는다.

　•종업원을 부를 때 손만 조용히 들고 큰 소리로 부르지 않는다.

⑥ 거래선 방문시 사전에 방문 협의
  • 방문시 작은 선물 준비
  • 복장은 정장(긴팔 흰 와이셔츠에 넥타이만 매도 정장)
  • 방문 후 반드시 감사 편지를 보낸다.
  • 사전 협의, 승낙 없이 방문하는 것은 절대 금지(문전
박대당하는 경우도 있음)
  • 검정색 양복은 피하는 것이 좋다(중국계 회사, 중국인
에게 검정색은 죽음의 색).
  • 금요일은 가능하면 피한다(말레이계 및 정부기관).
⑦ 우측 통행 도로
  • 일방통행 도로가 많으므로 교통 표지판을 유념
  • 출장자의 경우 가능하면 직접 운전하지 않는다.
  • 경적음을 울리지 않는다.
  • 왕족, 행사 차량의 진행을 방해하지 않는다.
  • 교통사고 발생시 운전자와 협상하지 않는다(교통 경
찰을 부른다).
⑧ 선물과 카드
  • 선물보다 정성이 담긴 카드를 더 값지게 여기므로 필
히 선물과 같이 준비
  • 중국계는 빨간색(번영), 말레이계는 노란색(귀족) 선호

• 중국계는 액세서리, 말레이계는 집 안 장식류가 적
당. 일반적으로 한국적인 상품이 가장 좋다.
⑨ 파티에는 초청장 지참
• 작은 선물 준비
• 자기 소개할 명함 준비
• 다인종, 다문화 국가이므로 주최자의 문화적인 특성
을 사전에 파악
• 초청자 이외에는 추가 동반하지 않는다.
• 사전 통보 없이 무단 불참하지 않는다.
• 상대방에게 술을 권하지 않는다.
⑩ 복장
• 회사의 경우 토요일은 평상복 차림도 허용
• 말레이계를 만날 때는 노출이 심한 복장은 피한다.
⑪ 택시, 관공서 등에는 팁을 주지 않는다.
⑫ 음주 및 흡연
• 술잔이 조금만 비어도 술을 따른다.
• 말레이계는 술을 전혀 마시지 않으므로 술을 권하지
않는다.
• 술잔을 돌리지 않는다.
• 흡연 구역일지라도 옆 사람의 동의를 구한 후 피운다.

• 윗사람 앞에서는 담배를 삼간다(피워도 되나 나쁜 인
상을 남긴다).

• 담배를 권하지 않는다.

⑬ 사회관습

• 국가적으로 말레이 민족에 대한 자긍심을 높이는 교
육을 실시하므로 국가 정책, 교육, 종교에 대해 사전 지
식을 습득하고 대화시 격려한다.

• 말레이계와 만날 때는 왼손을 사용하지 않고 머리를
만지지 않으며 종교에 대해 논하지 않는다.

• 말레이계와 중국계 사이에는 미묘한 인종간의 문제
가 잠재되어 있으므로 대화시 서로 자극하는 내용의 화
제를 삼간다.

5) 대만(Taiwan, 타이페이)

① 언어는 북경어

② 종교는 도교 · 불교 · 기독교, 고산족은 원시종교

③ 서방 사람들에게 친절하고 대부분 영어 구사

④ 많은 사람들이 미국식 성 사용

⑤ 개인의 우정이 사업에서도 중요

⑥ 인내, 겸손, 존경 중시

⑦ 입국시 비자를 받도록

⑧ 치안은 양호하고 단체 관광객인 경우에는 공항에서 별 어려움 없이 통과

⑨ 함부로 이발소나 안마소에 들어가면 바가지를 쓸 염려가 있다.

⑩ 선물이 일반화되어 있으며, 고가품의 선물을 하기도

⑪ 2개 국어로 된 명함을 흔히 사용

⑫ 사업에서 친밀한 개인 우정을 중시

6) 태국(Thailand, 방콕)

① 언어는 타이어, 말레이인은 말레이어, 중국인은 중국어

② 종교는 불교

③ 손을 합장하는 것이 전통적 인사

④ 서부 지역에는 악수

⑤ 독실한 불교 신자로 이를 손상시키는 언동은 삼가

⑥ 상인은 의사 결정에 오랜 시간을 끄는 경향이 있으므로 인내심을 요구

⑦ 발로 무엇을 가리키거나 발바닥을 보이는 일은 삼가

⑧ 상대방의 머리에 손을 대거나 다리를 꼬지 않도록

⑨ 4~5월의 가장 무더운 날에는 섭씨 40도까지 올라감으

로 일사병에 조심

⑩ 5~11월의 장마철에는 호텔 및 관광 요금 할인 가능

⑪ 환전은 은행을 이용

⑫ 교통 혼잡이 심하므로 각 호텔행 리무진 버스 이용

⑬ 공중전화는 시내 통화만 가능

⑭ 호텔 택시는 정찰제이나 대부분의 택시는 미터기가 부착되어 있지 않으므로 타기 전에 미리 흥정

7) 인도네시아(Indonesia, 자카르타)

① 언어는 인도네시아어

② 종교는 이슬람교, 힌두교, 불교

③ 중국인에 대한 감정이 좋지 않으므로 상대와 대화할 때 한국인임을 사전에 밝힌다.

④ 음주 보행은 삼가(현지인은 거의 술을 안 마신다)

　• 보행중 큰 소리로 떠드는 행위 삼가

⑤ 호텔에서

　• 호텔은 항상 미리 예약을 하고 사용할 것(예약이 없을 때는 바가지를 쓰기 쉽다)

　• 남에게 혐오감을 주는 복장은 삼가(남자는 반바지 차림 삼가, 여자는 심한 노출 삼가)

⑥ 식당에서는 종업원의 안내를 받도록 할 것

　• 현지인들은 풍습상 큰 식당 등에서도 손으로 식사를
하는 사람이 많으므로 이상한 눈초리로 보지 말 것

　• 식사 전에 항시 손 씻는 물이 나오므로 이것을 마시
는 물로 생각하지 말 것

⑦ 거래선 방문시

　• 처음 방문할 때는 넥타이 정도는 매는 것이 좋다.

　• 러바단 기간(이슬람교의 祭日)의 해가 있는 동안에는
금주, 금연, 금식, 금욕을 실시

⑧ 오토바이가 많으므로 운전시 주의

　• 시내 어느 곳이든지 주정차에는 주차료 지불

⑨ 선물

　• 선물받기를 좋아하며, 볼펜이나 시계 등 공산품 위주
의 작은 물건이면 된다.

　• 회교권 나라로 개나 돼지 모양의 선물은 절대 금물

　• 왼손으로 선물 내밀지 말 것

⑩ 파티에서

　• 정장을 하는 것이 좋다.

　• 약속 시간 엄수

　• 과음 삼가(현지인은 거의 술을 안 마신다)

• 술을 권하지 말 것
• 가급적 종교적인 얘기는 꺼내지 말 것
⑪ 팁
• 현지인들의 경우 한국인들은 돈이 많은 나라 사람으로 생각하고 있어 어디서나 항상 팁 요구
• 식사를 마친 후에도 약간의 거스름돈은 팁으로 남겨 주는 것이 통례
• 팁을 줄 때도 절대 왼손으로는 내밀지 않는다.
⑫ 가정 방문
• 간단한 선물 필요
• 어린 아이들도 인사할 때는 악수를 하므로 다정하게 응해 줄 것
• 대화 나누기를 좋아하는 국민
• 아이들의 머리를 쓰다듬지 말 것
• 식사 초대를 받았을 때는 아주 맛있게 식사를 하는 것이 예의
⑬ 흡연
• 흡연 전 동석자에게 허락을 얻는 것이 예의
• 담배를 권하지 않는다.

⑭ 사회 관습

　• 고개 숙여 인사하지 않고 악수를 하며, 감사의 표현
으로 악수 후 자기 명치에 오른손 바닥을 댄다.

　• 도박 규제법이 있으므로 마작이나 고스톱 같은 노름
은 삼간다.

8) 필리핀(Philippines, 마닐라)

① 언어는 필리핀어와 영어

② 종교는 카톨릭, 신교, 이슬람교

③ 인사는 악수와 등을 두드리는 것

④ 대부분의 신문은 영자로 되어 있고, 재계와 행정부에서
는 영어가 보편적

⑤ 사업이나 접대시 미국 관습과 비슷

⑥ 선물은 작은 것을 좋아한다.

⑦ 입국시 3천 달러 이상을 소지한 여행자는 외화 신고를
해야 하며, 화폐 교환 영수증은 증명을 위해 필히 보관

⑧ 출국시 1천 페소 이상 소지 불가능

⑨ 입국장 로비의 카운터에서 쿠폰을 구입해야 택시 이용
가능

⑩ 팁이 일반화되어 있다.

⑪ 호텔이나 유명 식당에는 계산서에 10%의 봉사료 포함

9) 인도(India, 뉴델리)

① 언어는 힌두어(공용어), 영어(준공용어)
② 종교는 힌두교, 이슬람교가 대부분이며, 시크교, 기독교, 불교, 자이나교, 조로아스터교 등이 있다.
③ 남자와 인사할 때는 악수를, 여자와는 합장한 상태로 허리를 약간 숙일 것
④ 시크 교도는 터번을 쓰고 금연하며, 쇠고기를 먹지 않는다.
⑤ 시간을 철저하게 엄수
⑥ 음식을 전할 때는 오른손을 사용한다.
⑦ 영국 식민지시대의 관습이 그대로 남아 있다.

10) 중국(China, 베이징)

① 언어는 북경어와 기타 소수 민족어
② 종교는 불교, 이슬람교, 기독교 등
③ 일반적으로 공항, 외국인용 호텔, 외국인 전용 상점 등을 제외하고는, 영어가 전혀 통용되지 않는다.
④ 장거리 전화는 장거리 전화국이나 호텔에서만 가능

⑤ 팁은 일반화되어 있지 않다.

　• 팁을 받을 경우 서비스를 하기 전에 미리 요구하므로
팁을 주는 문제로 고심할 필요없다.

⑥ 북경에서의 대중 교통 수단은 자전거

　• 외국인에게 대여해 주는 렌터 사이클을 주차시킬 때
는 반드시 자전거 보관소에 맡긴다.

⑦ 시내를 잇는 버스로는 적색 버스와 청색 버스가 있다.

　• 10번 대의 버스는 시내버스

　• 100번 대의 버스는 트롤리(무궤도 전차)

　• 200번 대의 버스는 심야 버스

　• 300번 대의 버스는 근교 버스

　• 미니버스는 만원일 경우를 제외하고는 어디서나 정차

⑧ 인사는 고개를 숙여 절을 하거나 악수를 청하는 수도
있다.

⑨ 접대시 주인은 나이와 계급을 중시하며, 깐! 깐! 하고
외치며 마시는 술은 한 번에 다 들이키도록 해야 한다.

⑩ 수입, 주택 가격 등의 사적 질문도 허용

⑪ 거절의 말을 잘 못한다.

⑫ 괘종시계라는 말이 장례식을 뜻하므로 선물하지 않는다.

⑬ 사업하는 사람들 사이에도 개인적인 우정을 중요하게

생각한다.

⑭ 대만에 대한 얘기는 별로 좋아하지 않는다.

⑮ 처음 만나는 사람이라도 의례 담배를 권한다.

⑯ 피우기 싫더라도 응해 주는 것이 상대방의 호의를 받아들인다는 의사 표시

⑰ 자신이 피우기 전에 다른 사람에게 먼저 담배를 권한다.

⑱ 아버지 앞에서 아들이 담배를 피우는 것도 문제가 되지 않을 정도로 담배에 관해서는 상당히 관대

11) 뉴질랜드(New Zealand, 웰링턴)

① 언어는 영어

② 종교는 기독교, 성공회, 장로교, 카톨릭

③ 보편적인 인사법은 악수

④ 큰 소리로 말하는 것은 결례

⑤ 오스트레일리아인으로 오인되는 것을 싫어한다.

⑥ 호주 비자가 있는 경우에는 비자를 받을 필요가 없다. 그러나 뉴질랜드만을 방문할 때는 비자를 받아야 한다.

⑦ 농업국으로 동식물 검역에 철저하다.

⑧ 정찰제 판매로 물건을 샀을 때 깎으려 들지 않도록

12) 오스트레일리아(Australia, 캔버라)

① 언어는 영어

② 종교는 성공회, 카톨릭, 그리스 정교

③ 여성, 어린이, 노인에게 양보의 미덕을 발휘

- 눈이 마주치면 가벼운 인사

- 뛰지 말 것

- 남을 앞지르지 말 것(꼭 앞질러야 할 때는 양해를 구할 것)

- 담배, 음주, 재채기, 가래침 등은 삼가

④ 호텔에서

- 크레디트 카드 사용

- 호텔비에 식사가 포함되어 있는지 아닌지 확인

- 고성방가 및 밤 늦게까지 떠들고 놀지 말 것

- 팁은 놓지 말 것(가지고 가지 않음)

⑤ 식당에서는 종업원의 안내가 있을 때까지 기다릴 것

- 초대한 경우 외에는 개인 부담(Dutch Pay) 원칙

- 상대방과 식사의 보조를 맞출 것

- 식사 전 맥주나 와인 한 잔이 통례화되어 있음

⑥ 거래선 방문시

- 사전 약속 및 시간 엄수

• 상담 내용의 사전 확인

• Yes / No를 분명히 할 것

• 사생활에 관한 이야기나 정치, 종교적인 대화는 삼가

⑦ 운전시

• 교통신호 및 제한 속도 준수(무인 스피드 카메라 설치)

• 차는 이중 잠금 장치

• 음주운전 및 과속, 난폭운전 삼가(경찰이 순찰)

• 한국에서 발행한 국제 면허증 3개월 유효

⑧ 선물

• 생일 초대에는 꽃, 화분, 인형, 초콜릿 정도가 적당

• 특별한 방문 때나 혹은 연말 등에 선물

• 공예품, 회사의 기념품 정도가 무난

• 연말의 경우 와인 및 술 종류

⑨ 파티에서

• 초대받은 경우 초대장 지참

• 부부 동반이 원칙

• 귀가 후 반드시 감사의 전화

⑩ 복장

• 장례식에는 검은색 양복이 원칙

• 양복에 흰 양말은 금할 것

• 장례식 때 흰색, 붉은색은 금할 것

⑪ 가정방문

• 반드시 사전에 약속

• 약속시간 5분 전에 미리 도착

• 작은 선물 준비

• 어린이의 동행 여부 확인

• 밤 늦은 시간은 피함

⑫ 관혼상제

• 초대받은 경우에만 참석

• 분위기를 해치는 언동은 삼가

⑬ 음주 및 흡연

• 와인을 위주로 마시는 것이 좋음

• 첨잔을 하는 것이 통례

• 자기 먹던 잔으로 상대에게 권하지 말 것

• 억지로 권하지 말 것

• 금연 지역인지 아닌지 확인할 것

• 상대방 식사중 흡연하지 말 것

⑭ 사회관습

• 공과 사를 반드시 구분할 것

• 두세 번 만난 후부터는 이름을 기억하여 불러주도록

• 상대방의 프라이버시에 속하는 것은 묻지 말 것(종
교, 정치, 나이, 결혼 여부, 소득 등)

13) 터키(Turkey, 앙카라)

① 언어는 터키어, 동남부는 쿠르드어

② 종교는 이슬람교(수니파)

③ 지중해에 위치한 나라로 지중해의 온화한 날씨를 보여
야 하지만, 지형의 변화가 심해 큰 기온차를 보인다.

④ 화폐는 터키 리라를 사용

⑤ 외국인은 제한 없이 외화 보유(내국인도 동일)

⑥ 이슬람적, 숙명론적 사고와 행동이 지배적

⑦ 옷차림에 대해서 상당히 보수적

⑧ 교육받은 터키인은 영어, 불어, 독어 등 한 가지 이상의
외국어 구사

⑨ 광범위한 화제로 사업적 회의를 시작

⑩ 접대는 비교적 관대하나 지나치게 압도적이기도 하다.

⑪ 격식을 차리지 않는 말을 성실과 진심으로 생각

⑫ 접대는 보통 식당에서

⑬ 가장의 절대적 권위

14) 중동 지역

① 열성적인 회교도는 알코올 금지 등 금식 규칙을 지킨
다.

② 왼손은 생리적인 일에만 사용하므로 불결하다고 생각
하여, 음식은 오른손으로만 먹는다(명함이나 선물을 전할
때 오른손을 사용하도록 주의).

③ 남자 회교도는 여자가 몸을 보이거나 다리 꼬는 것을
싫어한다.

④ 중동인은 육체적으로 가까이 하는 것을 좋아하므로 쓰
다듬거나, 팔짱을 끼기도 하고, 잠깐 손을 잡기도 한다.

⑤ 일상의 업무는 보통 목요일에 끝내며, 금요일은 휴식일
이고 토요일에 다시 업무를 시작한다.

⑥ 열성적 회교도는 해 뜰 때 한 번, 낮에 세 번, 해 질 때
한 번 모두 하루 다섯 번의 기도를 한다. 여행 때에는 생
략하기도 하나 만약 기도하기를 원한다면 조용한 방을 마
련해 주고 정중히 동쪽 방향을 알려주도록 한다.

⑦ 대부분의 중동인은 자주 "인샬라(신의 뜻)"라고 하는데
영어의 관용구로는 "그렇게 희망한다"와 비슷

⑧ 구둣바닥이 보이게 앉는 것은 결례

(2) 아메리카

1) 미국(America, 워싱턴)

① 언어는 영어

② 종교는 기독교, 천주교

③ 국민성

- 일등 국민이라는 자부심
- 개척정신 및 개인주의 사상이 강함
- 격식을 경시
- 책임의 한계가 분명
- 매사 솔직하고 개방적이고 직선적
- 종교, 정치, 월급, 재산 등 너무 개인적인 이야기는 삼가
- Lady First(출입, 엘리베이터, 자동차 등에서)
- 명령적 언어 삼가
- 침묵은 무능을 표시
- 대화시 눈은 입보다 소중
- 자기 주장이 강하고, 미래지향적
- 시간은 돈이라는 개념
- 선호하는 대화는 날씨, 주변환경, 스포츠 등

④ 상담시 유의사항

• 상담 약속은 사전에

• 방문시 구체적인 방문 목적 및 협의 사항 사전에 통보

• 호칭은 처음 1~2회 면담시 Mr. Mrs. Miss 등을 붙인다.

• 구두로 약속한 내용도 법률적으로 구속력을 가지므로 미팅에서 있었던 것은 꼭 메모하고 전화 통화 내용도 수첩 등에 메모

• 매사에 논리적이고 수치적으로 설명

• Give & Take에 능한 국민

• 명시적으로 계약서 작성

⑤ 초대

• 파티를 좋아하는 국민

• 면식이 없는 사람들과도 자연스레 대화

• 테이블 매너에 주의

⑥ 거리에서

• 시선이 마주치면 간단한 목례와 미소

• 흡연은 지정된 장소 이용

• 침, 껌 절대 뱉지 말 것

• 남자끼리 손잡거나 어깨동무, 나이트 클럽에서 남자끼리 춤추지 말 것(Gay로 취급)

- 항상 여성이 먼저, 우측에 위치
- 새치기 절대 금지

⑦ 호텔에서
- 샤워시는 커튼을 욕조 안으로 넣음(배수구 없음)
- 잠옷이나 추리닝, 슬리퍼로 복도 출입 삼가
- 술 먹고 큰 소리 삼가
- 흡연자는 Smoking Room을 배정
- 동성끼리 한 방 투숙 삼가(동성연애자로 오해)
- 안내 책자를 통한 시설 이용 요령 숙지
- 팁 준비

⑧ 식당에서
- 사전 예약
- 예약 테이블 안내시까지 입구에서 기다림
- 고급 레스토랑은 정장
- 입에 음식을 넣고 말하지 않도록
- 빵 접시(Bread Dish)는 왼쪽 것을
- 물컵은 오른쪽 것을
- 빵은 손으로 뜯어서 먹도록
- 식탁에서 이쑤시개 사용 삼가
- 팁 준비

⑨ 거래선 방문시

- 사전 예약

- 적절한 선물($20~30)

- 복장은 정장(양말, 구두는 양복과 같은 톤)

- 약속시간 준수

- 상담시 시계를 자주 보지 말 것(초조)

- 인종, 성차별 언행 삼가

⑩ 운전시

- 교통 법규 준수, 주차장 이용(Parking Ticket)

- 요구 전까지 면허증 꺼내지 말 것(총기 사용 오해)

- 음주운전 금지(차 안에 마개 딴 술병 보관 금지)

- 보행자 우선

⑪ 선물

- 생일에는 카드, 꽃, 케이크 등의 선물 준비

- 선물받으면 감사의 편지

- 여자에게 개인적인 선물 삼가

- 거래선은 선물 준비(비서용은 별도 준비)

⑫ 파티

- 참석 여부 통보

- 10분 전 도착

- 사후 감사의 인사
- 많은 사람과 가벼운 인사
- 복장 주의, 작은 선물
- 과음 삼가

⑬ 복장
- 정장(양말, 구두 조화)
- 매니저급 이상은 양복, 넥타이 매일 교체
- 셔츠는 가능한 한 흰색
- 손수건 휴대
- 흰 양말 금지
- 머리 단정, 구두는 깨끗하게

⑭ 가정방문
- 사전 허락
- 약속 시간 엄수
- 어린아이 동반 삼가
- 간단한 선물 준비
- 장시간 머무는 것은 금지
- 식사시간 피함

⑮ 관혼상제
- 화환 수령 여부 확인

• 장례식 : View 의식(사체 직접 봄)

• 초대시 필히 참석

• 어린아이 동반 금지

• 결혼 축의금 통용 안 됨(선물로 준비)

• 장례식 참여시 밝은 색상의 양복 피함

⑯ 음주 및 흡연

• 특정인 또는 손님 위해 건배

• 술잔 돌리지 않음

• 낮술 하지 않음

• 무리하게 술 권하지 않음

• 과음 금지

• 흡연시 상대방의 사전 양해

• 회의 도중 흡연 삼가

• 흡연은 지정된 장소에서

⑰ 쇼핑

• 영수증 받음(3일 내 환불, 교환 가능)

• 대부분이 정찰제

• 바겐세일을 이용, 실리위주 물품 구매

• 세계 상품이 가장 싸게 팔리는 시장, 소비의 천국

⑱ 팁

- 팁은 계산 금액의 15~20% 준비
- 식당에서는 계산 금액의 15%
- 호텔에서는 Bell boy에게는 Baggage당 $1, Room Maid에게는 $2
- 택시에서는 요금의 15~20%
- 관광가이드 $5
- 항상 잔돈 준비
- 여성과 동행시 남성이 지불

⑲ 일반 관습

- 질서의식
- 양보운전
- Yes / No를 분명하게
- Good-Bye 제스처는 손 전체를 좌우로 흔든다.
- 악수를 할 때는 허리를 숙이지 않고 상대의 눈을 보며 손을 꽉 잡음
- 대도시 운전시 Door Lock, 안전벨트, 교통 법규 준수
- 운전시 보행자 우선, 음주운전 금지
- 대화시 개인신상, 사생활 질문 삼가
- 공중장소에서 큰 소리 삼가, 풀이나 초목 꺾지 않도록

2) 캐나다(Canada, 오타와)

① 언어는 영어와 불어

② 종교는 카톨릭

③ 국내적으로는 동서간의 대항의식이 강하여 서로 다른
나라 같은 느낌을 준다.

④ 미국의 영향력에 반발심이 크다.

⑤ 비싼 선물이나 특산품은 상대방에게 부담을 줄 수 있으
므로 주의한다.

⑥ 사업상의 시간 약속은 미리 정하고 반드시 시간을 지
킨다.

⑦ 공원에서 음주 금지

⑧ 관광을 목적으로 입국하는 관광객은 비자가 필요없다.

⑨ 컴퓨터나 전기제품 또는 소고기류의 반출에는 관계 당
국의 사전 승인을 받도록

⑩ 팁이 생활화되어 있으므로 레스토랑이나 호텔에서는
팁 준비

⑪ 동물, 자연 보호에 철저하므로 동물에게 함부로 먹이를
주거나 꽃과 나무를 꺾으면 벌금 부과

3) 멕시코(Mexico, 멕시코시티)

① 언어는 스페인어

② 종교는 카톨릭

· 거의 모든 멕시코의 결혼식은 카톨릭식. 결혼식 초대
를 받았을 때 카톨릭 의식을 감안할 것

· 사순절날 육류 판매 및 식사는 안함(생선, 닭고기는
판매)

· 종교 논쟁 삼가

③ 가정 방문 및 초대

· 간단한 선물 지참

· 식사시간 방문은 피할 것

· 장시간 체류는 금할 것

· 주인 안내 없이 집 안 내부를 둘러보지 말 것

· 정장 차림이면 무난

· 약속시간 전후 10분 안에 도착

· 칵테일 파티시는 너무 한 곳에만 머물지 말 것

④ 교통 및 운전

· 대부분 도로가 1차선이므로 방향 표지판을 주의

· 교통사고를 당했을 때 가해자 면허증을 받아 두거나
증인 확보

• 거리 주차시 경보장치 사용하고 카 스테레오 도난 조심
• 야간에 택시 이용 삼가
• 도로 옆 황색 표시 지역에는 절대 주차하지 말 것(견인지역)
• 교통사고, 교통 혼잡에 따른 문제로 언쟁시 큰 소리 치거나 욕하지 말 것

⑤ 사회관습
• 식당에서 큰 소리치며 종업원을 부르지 말 것
• 관공서, 회사 직원 등에게는 명령조로 말하지 않도록 주의
• 보행시 술병을 들고 다니지 말 것(봉지나 가방 등에는 상관없음)
• 노상이나, 공원에서 음주 및 고성방가 금지

⑥ 관혼상제
• 초대시 필히 참석할 것
• 결혼 축의금은 통용되지 않음
• 결혼식, 생일에는 축하 선물 준비
• 초대받았을 때 어린이와의 동행을 가급적 삼갈 것
• 선물은 포장하여 전달

• 결혼식 피로연 초대는 초대권 지참

• 각종 경조사 등에 참석한 후에는 축하 혹은 위로의 정을 표현할 것

⑦ 상담시

• 깨끗한 복장, 용모 유지

• 거래선 비서에게도 정중히 대할 것

• 상담 용건과 약속은 미리 통보할 것

• 남녀 평등에 유의

• 약속시간을 어기는 경우가 많아도 불쾌한 표정을 짓지 말 것

• 상담시 가능한 한 예정시간을 넘기는 경우가 없도록 할 것

• 이른 아침이나 늦은 저녁 시간의 약속은 되도록 피할 것

⑧ 식사

• 식당에 도착시 종업원의 안내를 받을 것

• 식사중에는 음식물 씹는 소리를 내지 말 것

• 상대방 식사 속도를 맞출 것

• 동석자 중 여성이 있을 때 먼저 착석하지 말 것(Lady First)

• 음식을 씹으면서 대화하지 말 것

⑨ 음주 및 흡연

• 공공장소에는 흡연, 금연 표시 지역이 구분되는 경우가 있으니 주의

• 모임이나 파티시 동석자에게 흡연 허락을 받을 것

• 사순절에는 현지인에게 술을 권하지 말 것

• 술병을 들고 거리를 돌아다니지 않도록 주의할 것(형사 입건 사항)

• 파티 참석시 과음하지 않도록

4) 아르헨티나(Argentina, 부에노스아이레스)

① 언어는 스페인어

② 종교는 카톨릭이 국교

③ 상담 약속은 사전에 미리 예약

④ 서로 친밀한 관계일 경우 크게 껴안는다.

⑤ 선물은 개인용품은 피하고, 집에 초대를 받았을 경우에는 꽃이나 캔디를 선물

⑥ 자녀들에 대한 관심이나 식사 및 가정에 관한 칭찬을 좋아함

⑦ 대화시 정치나 종교문제 등은 피하고, 스포츠(축구)나

공원, 경치 들에 관한 대화가 무난
⑧ 악수가 보통 인사
⑨ 직함을 중시
⑩ 이탈리아어가 제2국어이고, 독일어가 제3국어
⑪ 이탈리아, 독일, 영국, 스페인의 영향을 받음

5) 칠레(Chile, 산티아고)
① 언어는 스페인어
② 종교는 카톨릭
③ 시간 관념 철저
④ 접대는 호텔이나 레스토랑에서 진행
⑤ 초대를 받았을 경우 초대한 사람이 먼저 들어간 후 손
님이 뒤따라 들어간다.
⑥ 자녀들에 관해 관심을 보인다.
⑦ 악수가 보편적
⑧ 친한 친구 사이에는 포옹하고 볼을 비빈다.
⑨ 포도주, 특히 백포도주는 국가의 자부심으로 여긴다.
⑩ 전문업에서는 여성이 앞서 있다.
⑪ 국내 정치 이야기나 종교를 제외하면 어떤 대화의 소재
도 무난

6) 콜롬비아(Colombia, 보고타)

① 언어는 스페인어

② 종교는 카톨릭

③ 세계 제2의 커피 생산국

④ 커피에 관한 대화를 즐겨하므로 커피에 대한 상식을 숙지

⑤ 상담을 차분히하려고 한다는 데 유의

⑥ 특별한 친분이 아니면 개인용 선물은 피하도록 한다.

⑦ 대화는 축구나 콜롬비아 커피 및 시골 풍경 등이 좋다.

⑧ 사업상에서는 악수가 보편적, 친구 사이에는 포옹

⑨ 상인과의 거래시 상담 전에 가벼운 대화

⑩ 직함을 존중

7) 브라질(Brazil, 브라질리아)

① 언어는 포르투갈어

② 종교는 카톨릭이 대부분, 그외 개신교, 불교, 이슬람교

③ 감정이 풍부하여 길가에서도 서로 껴안는다.

④ 시간 약속은 사전에 하고 상담에서는 의례적인 말을 나눈 후 본론으로 들어가도록

⑤ 상담시 방문 목적 및 상담 요점만 언급

⑥ 절대 먼저 상담을 하자고 제의하지 않는다.
⑦ 인간적인 면을 다진 후 구체적인 문제를 협상하는 것이
바람직한 세일즈 전략
⑧ 제공하는 강한 커피도 맛있게 먹도록
⑨ 초대를 받았을 경우, 자주색 꽃은 피한다.
⑩ 자녀들에 대해 큰 자부심을 주도록
⑪ 악수를 보편적으로 하고 대체로 길게 한다.
⑫ 직함을 중요시
⑬ 음악과 활기 찬 대화를 즐긴다.
⑭ 농담과 격식 없는 우정을 즐긴다.
⑮ 주로 한낮에 메인 매뉴를 먹는다.
⑯ 정식 접대를 제외하고는 밤에는 대개 가벼운 식사
⑰ 손님은 식당에서 대접하는 것이 일반적

8) 베네수엘라(Venezuela, 카라카스)
① 언어는 스페인어
② 종교는 카톨릭이 대부분
③ 인사는 일반적으로 남녀 모두 악수
④ 친한 친구간에는 서로 포옹하며, 여자는 볼에 키스
⑤ 식사를 하며 상담할 때 음식물 씹는 소리 나지 않도록

⑥ 대화할 땐 가까이 서서 이야기
⑦ 사업에서는 시간 관념이 엄격하며, 상담중 잡담은 삼가
⑧ 직함을 중요시
⑨ 주인에게 꽃이나 사탕을 선물하는 것이 보통
⑩ 손님은 테이블 머리에 앉지 않는다.

9) 중앙 및 남아메리카 지역

① 거의 대부분의 나라에서 스페인어를 구사한다. 단 브라질은 포르투갈어를 사용한다.
② 시간에 대하여 북아메리카와 같이 엄격하지 않으며, 30분쯤 늦는 것을 그리 놀라운 일로 여기지 않는다.
③ 얘기할 때 가까이 다가서서 격식을 차리지 않으며, 친한 사이에는 포옹을 하기도 한다. 상인은 얘기할 때 상대의 팔꿈치를 잡으며, 팔짱을 끼고 걷기도 한다.
④ 따뜻하고 친절하며, 상담 전에 사교적인 대화를 즐긴다. 회사 대표로서의 관계보다는 상담자 개인에게 더 많은 관심을 보인다.
⑤ 보통 주된 음식을 한낮에 먹으며, 특별한 경우에는 식당에서 만찬을 대접한다.
⑥ 건배는 주인이 먼저 하는 것이 보통이다.

(3) 유 럽

1) 독일(Germany, 베를린)

① 언어는 독일어

② 종교는 기독교

③ 상담의 진행은 비교적 까다로우며 상호간의 신뢰를 중
시한다.

④ 꽃을 선물할 때는 짝수로 선물하지 않도록 한다(불행을
상징).

⑤ 굳은 악수가 일반적이다.

⑥ 허락 없이는 이름을 부르지 않는다.

⑦ 사업 거래에서 직위를 중요시한다.

⑧ 시간 관념은 매우 철저하다.

⑨ 북부 독일인은 보수적이며, 반면에 남부 독일인은 사
교적

⑩ 호주머니에 손을 넣는 것은 결례

⑪ 상담은 식사 후에 한다.

⑫ 아파트에서 거주할 경우 샤워는 22시 이후에는 삼가도
록(안면 방해)

2) 스위스(Swiss, 베른)

① 언어는 독일어, 프랑스어, 이탈리아어

② 종교는 카톨릭, 개신교

③ 영어를 자유로이 구사

④ 독일, 프랑스, 이탈리아 등 3개국 문화의 영향을 받음

⑤ 독립, 높은 생활 수준, 역사에 대하여 자부심

⑥ 시간관념과 예의를 중요시

⑦ 보수적이며, 부를 자랑하는 것을 좋아하지 않는다.

⑧ 남자는 모두 방위군의 의무가 있다.

⑨ 꽃이나 과자 같은 평범한 선물을 잘한다.

3) 덴마크(Denmark, 코펜하겐)

① 언어는 덴마크어

② 종교는 루터교

③ 남자와 여자, 아이들 사이에서도 악수가 보통

④ 축배시 '스콜(Skoal)'이라고 하는 것이 보통

⑤ 주인의 왼쪽에 주빈이 앉는다.

⑥ 많은 대화를 하면서 천천히 식사

⑦ 입은 옷에 대한 칭찬은 개인적인 것이라고 여기므로 이
상한 일로 생각

⑧ 노르웨이나 스웨덴인으로 오인받는 것을 싫어한다.

⑨ 쉽게 감정 표현을 하지 않는다.

⑩ 뒤에서 손뼉치거나 건드리지 않는다.

⑪ 형식보다는 실속을 중요시

4) 네덜란드(Netherlands, 암스테르담)

① 언어는 네덜란드어

② 종교는 카톨릭, 개신교

③ 공식적으로 '네덜란드 왕국'이라고 부른다.

④ Holland는 하나의 주

⑤ 시간 관념이 철저

⑥ 항상 자신을 소개하도록 한다. 그렇지 않으면 결례라
생각

⑦ 사업 제의에 과장이나 실수는 하지 않아야 한다.

⑧ 몸을 건드리지 않으며, 육체적인 과시는 하지 않는다.

⑨ 영토 개간, 예술, 역사에 대한 긍지가 높다.

⑩ 일반적으로 영어에 능통하고 다른 유럽어도 자유로이
구사

⑪ 엘리베이터 타기 전 모르는 사람이라도 서로 눈이 마주
치면 인사

5) 스웨덴(Sweden, 스톡홀름)

① 언어는 스웨덴어

② 종교는 복음 루터파

③ 보통 악수를 하지만 등은 두드리지 않는다.

④ 덴마크인이나 노르웨이인과 구별해 주길 원한다.

⑤ 시간 약속은 철저하지만 상담은 서두르지 않는다.

⑥ 칭찬 · **PR**을 싫어한다.

⑦ 사회적 발전, 역사, 문화에 대하여 자부심이 크다.

⑧ 대단히 낙천적

⑨ 바이킹의 전통에 대한 자부심이 크다.

6) 노르웨이(Norwey, 오슬로)

① 언어는 노르웨이어

② 종교는 복음 루터교

③ 시간을 지키는 데 빈틈이 없고 정확

④ 성만 부르는 것이 보통

⑤ 엄격한 음주운전 처벌법

⑥ 역사와 문화에 대해 긍지가 높다.

⑦ 방문할 때는 보통 주인에게 선물

⑧ 건배할 때 '스콜(Skoal)'이라고 한다.

7) 프랑스(France, 파리)

① 언어는 불어

② 종교는 카톨릭

③ 사업상의 일에 매우 격식을 차리며, 회사 동료간에도 개인의 이름은 잘 부르지 않을 정도로 보수적

④ 악수를 자주 하지만 짧게 살짝 잡는다.

⑤ 좋은 음식과 좋은 포도주를 중요시

⑥ 주요 식사는 점심

⑦ 국가와 언어에 대해 대단한 자부심

⑧ 저녁 식사중의 대화를 중요하게 생각하며, 가끔은 아주 긴 대화를 즐긴다.

⑨ 카네이션은 선물하지 않는다(장례식에 많이 쓰이기 때문에 불길한 꽃으로 여긴다).

⑩ 기온차가 심하므로 긴팔 셔츠나 스웨터를 준비하도록 한다.

⑪ 파리 시내 대부분의 길에는 차선이 없으나 철저한 우측 통행 원칙으로 자동차 사고는 거의 없다.

⑫ 포도주에 관한 일반 상식을 갖추면 프랑스인과 쉽게 친해질 수 있다.

⑬ 대체로 우월감이 강하고, 예의범절의 기본적 에티켓을

잘 지키는 문화인이라는 자부심이 강하다.

⑭ 프랑스인에게 밤 10시 이후나 토요일, 일요일에 전화 거는 일은 삼가

⑮ 거래선, 은행, 의사, 변호사, 교수 등 거의 모든 사람과 약속을 할 때는 최소 일주일 전에 사전 예약

⑯ 개인생활에 대한 대화는 삼가

⑰ 교통

- 처음 일년간은 국제 운전면허증으로 운전 가능

- 도로 표지는 잘 되어 있으며, 운전 초심자라 해도 별 어려움이 없다.

- 대도시 시내의 도로는 일방통행이 많으므로 유의하며, 관련 지역의 지도 휴대

- 강변도로나 고속도로에서는 자동 카메라에 의한 단속과 교통경찰에 의한 단속을 실시한다.

- 주차 지역이 아닌 도로 옆이나 보도, 택시 정류장 버스 정류장, 인도 등에 주차할 경우 교통 단속반에 의해 벌금

- 대중교통 수단이 우선이므로 버스나 택시 전용 도로를 운행할 경우 벌금

8) 영국(Britain, 런던)

① 언어는 영어

② 종교는 성공회, 카톨릭

③ 평민과 귀족 등의 계급사회로 계급간의 생활양식의 차
가 심하다.

④ 좁은 복도를 지날 때는 가로로 걷지 않는다.

⑤ 대부분의 상거래는 신용거래이며, 개인의 상거래도 개
인수표나 크레디트 카드를 사용한다.

⑥ 질서의식이 강하고, 사전에 시간 약속·예약이 보편화
되어 있다.

⑦ 자동차 주행시 아무리 복잡해도 차선을 바꾸거나 추월
하지 않는다.

⑧ 각 주마다 개인적인 친숙을 좋아한다.

⑨ 의상, 사회, 사업에 대하여 보수적

⑩ 사생활을 존중하므로 개인적인 질문은 피한다.

⑪ 음식을 먹을 때 처음에는 사양하는 것이 예의

⑫ 구매의 경우 내실 위주의 알뜰 구매이며, 생활의 질적
향상을 도모

⑬ 남녀에 상관없이 악수가 일반화

⑭ 음주 및 흡연

　• 다른 서구지역이나 미국보다도 흡연이 비교적 자유
로운 편이다.

　• 공공장소에서의 흡연은 금지되어 있으며, 영국의 흡
연 인구는 점차 줄고 있다.

　• 음주 운전은 매우 엄격하게 처리하며, 일단 단속되면
최소 1년 6개월간의 운전금지 조치와 벌과금 부과

⑮ 대부분의 소비자 품목을 수입에 의존하며, 외국 상품에
대한 배타적 감정은 없으나 보수적 성향으로 급격한 판매
증가는 기대하기 어렵다.

⑯ 가능한 한 모든 상담, 회의, 전화 통화의 결과는 문서로
남기고 구두 약속도 문서 계약처럼 중시

⑰ 비즈니스에서의 복장

　• 사무실에서는 양복 및 넥타이를 착용하며, 색상은 파
란색, 회색, 검정색 등을 즐겨 입는다.

　• 양말이나 구두도 짙은 색을 선호하고, 와이셔츠는 흰
색을 착용

⑱ 운전

　• 차량은 좌측통행

　• 운전은 철저한 질서와 양보 속에서 이루어진다.

• 헤드라이트를 깜박이는 것은 양보

• 좌측, 우측, 차선 변경시 양보

⑲ 팁

• 택시, 레스토랑, 호텔 등에서는 팁 준비

⑳ 가정에 초대받았을 때는 가벼운 선물 준비가 일상화

• 일부 회사의 경우 일체의 선물 수수를 거부하는 곳도 있다.

• 선물이 준비되지 않았을 경우 차후 카드와 함께 조그만 선물 동봉

9) **오스트리아**(Austria, 빈)

① 시간을 잘 지킨다.

② 보통 방문할 때는 꽃이나 초콜릿을 선물

③ 식사시 손을 무릎에 얹는 것은 불손

④ 남녀 모두 굳은 악수

⑤ 친숙해지기 전까지 이름부르는 것을 피한다.

10) 아일랜드(Ireland, 더블린)

① 언어는 아일랜드어, 영어

② 종교는 카톨릭

③ 사업상의 선물을 일반적인 일이라고 생각하지 않는다.
④ 술을 거절하거나 잔을 되받지 않는 것은 결례
⑤ 시간관념이 철저하다.
⑥ 정치나 종교에 관한 대화는 피한다.
⑦ 영국 연방에서 독립한 나라로 영국에 대해 민감한 반응
을 보이나, 영국식 농담을 즐긴다.

11) 핀란드(Finland, 헬싱키)

① 언어는 핀란드어
② 종교는 루터 복음교
③ 풍습이나 생활 양식은 스칸디나비아를 반영
④ 굳은 악수를 하는 것이 보편적
⑤ 차분하고 감정 표현을 잘 하지 않는다.
⑥ 시간을 잘 지키고 사전 약속
⑦ 격식을 안 차리며 식사할 때 건배

12) 벨기에(Belgie, 브뤼셀)

① 언어는 네덜란드어, 프랑스어
② 종교는 카톨릭
③ 사생활을 매우 중요시

④ 만나고 헤어질 때 악수가 보통 인사법
⑤ 시간은 꼭 지킨다.
⑥ 좋은 음식을 찬양하는 대단한 미식가
⑦ 프랑스 문화와 플라망 문화의 혼합 기질이 있다.
⑧ 나라의 반은 네덜란드와 비슷한 방언을 쓴다.

13) 스페인(Spain, 마드리드)

① 언어는 스페인어
② 종교는 카톨릭
③ 점심에서 저녁 식사까지의 식사 시간이 길고 낮잠을 즐긴다.
④ 남자들끼리도 친한 경우에는 자연스런 포옹
⑤ 비교적 시간관념이 약하지만 투우를 관람할 때만은 시간을 잘 지킨다.
⑥ 상담에 들어가기 전에 가벼운 얘기를 많이 한다.

14) 체코(Czecho, 프라하)

① 언어는 체코어
② 종교는 개신교
③ 시간을 매우 잘 지킨다.

④ 사업, 사교에 악수가 보통

⑤ 방문할 때는 꽃, 포도주, 또는 코냑을 선물

⑥ 팔꿈치를 식탁이나 책상에 얹는 것은 불손한 자세로 여

긴다.

15) 이탈리아(Italia, 로마)

① 언어는 이태리어

② 종교는 카톨릭

③ 과시적이고, 감정적인 면이 많다.

④ 팔꿈치를 붙잡고 악수한다.

⑤ 가까운 남자끼리는 포옹을 하거나 가볍게 쓰다듬어도

된다.

⑥ 대학 졸업자는 직함을 염두에 둔다.

⑦ 친해지기 전까지는 이름을 부르지 않는다.

⑧ 보통 점심 식사를 많이 한다.

16) 포르투갈(Portugal, 리스본)

① 남자끼리는 서로 포옹, 여자는 양 볼에 키스

② 과장된 제스처를 싫어한다.

③ 신속한 것을 좋아한다.

④ 상담은 점심에 하고 만찬중에는 하지 않는다.

17) 러시아(CIS, 모스크바)

① 언어는 러시아어

② 종교는 러시아 정교, 이슬람교

③ 거리에서

- 모든 일에 줄을 설 것
- 공공시설 특히 교통수단 이용시 경로 우대(빈자리가 있어도 함부로 앉지 말고 노인이 있는가 살필 것)
- 집시들에게 적선하지 말 것(몰려와 주머니털이를 당할 위험이 있음)
- 야간 외출 자제

④ 식당에서

- 식사에 대한 칭찬은 다다익선(음식에 대한 칭찬을 매우 좋아함)
- 많이 권하고 먹는 것이 미덕
- 서두르지 말고 대화를 많이 나눌 것
- 사전에 음식 요금 지불 조건을 반드시 확인할 것
- 입맛에 맞지 않는다고 먹지 않는 것은 결례(물자 등이 넉넉하지 않고 구하기가 어렵다는 점을 감안)

⑤ 거래선 방문시

• 인사 정도는 현지어로

• 필요한 상담시는 꼭 선물을 준비할 것(러시아인은 선물을 매우 좋아함—사회주의 사고방식의 잔재)

• 사전 약속은 몇 번 확인이 필요

• 가급적 영어로, 필요시 통역 대동

• 상담시 술을 마시는 경우도 감안

• 상담시 남긴 증거물이나 계약서를 절대적으로 믿지 말 것(계약 후 불이행하는 경우가 빈번)

• 상담시 상대방의 산란한 주제에 현혹당하지 말 것

• 상담시 너무 큰 기대는 금물(과장되게 얘기하는 경우가 빈번)

⑥ 운전시

• 고속주행과 차선이 없는 것에 주의

• 노면상태가 극히 불량, 차량 유지에 각별한 주의

• 교통경찰의 지시 수용(번호판으로 추적 가능)

• 현지 운전면허를 반드시 획득할 것(국제면허를 이용 현지 번호 발급요)

• 아무 데나 주·정차하지 말 것(차량도난 및 부품 절취가 빈번)

• 접촉사고 및 교통사고 미연에 대비(차선 및 안전거리 유지—사고 발생시 보상 불가 염두)

⑦ 선물

• 선물은 여러 개 여분을 준비할 것(여러 명이 나옴)

• 가능하면 많은 기회를 만들어 자주 선물할 것

⑧ 파티에서

• 러시아인은 파티를 즐김(파티라는 개념보다는 모여서 얘기하고 술 마신다는 개념—약식파티)

• 주요 기념일에 가까운 사람들 초대

• 주최자에 대한 선물 준비는 필수적(꽃이나 기타)

⑨ 복장

• 초대로 인한 방문시는 반드시 정장으로 예의를 갖출 것

• 너무 화려한 차림은 거부감 및 범죄의 표적

• 캐쥬얼 차림으로 오페라 등을 관람하지 말 것

⑩ 팁

• 팁 문화가 아직 정착되지 않았으나 개인적으로 약간을 지불하면 차후 이용시 편리

• 되도록 현지화로 지불

• 호텔 등을 장기 이용할 때는 현찰 지급보다는 선물

등을 이용할 것

　• 달러 지급은 가급적 삼가(신변안전과 도난예방 차원에
서 동기를 부여 말 것)

⑪ 가정 방문

　• 방문시 선물을 준비(러시아인은 꽃을 선물받기를 좋아
한다)

　• 음식이 불결하고 거북하더라도 반드시 주어진 몫은
먹을 것(자신들의 고유한 음식을 대접)

　• 초대시는 사전 동의를 구하고 약속을 할 것

　• 치안부재를 감안 신분이 불명확한 사람의 초대는
삼가

　• 젊은 여성의 초대는 가급적 거절할 것

⑫ 관혼상제

　• 가깝게 지내는 러시아인의 경조사에는 꽃과 약간의
돈을 반드시 준비할 것

　• 축일에 꽃을 반드시 홀수로

　• 조사 방문 때는 짝수

⑬ 음주 및 흡연

　• 권하는 술은 반드시 마실 것

　• 마실 때나 건배시 축언의 습관, 따라서 미리 현지어

로 준비가 필요

• 독한 술은 가급적 삼가

• 폭주의 습관 경계

• 담배를 유난히 좋아하는 민족으로 여성이나 미성년
자(12~13세)도 흡연을 하므로 개의치 말고 자연스럽게
대할 것

• 금연에 관계없이 항상 담배를 휴대해서 거래선에게
권할 것

• 금연 장소는 철저히 따를 것

⑭ 사회관습

• 인사시 포옹이나 가벼운 키스를 할 것

• 적당주의에 물들어 있으므로 업무지시를 할 때는 동
기 부여를 해줄 것

• 경제난이 심하므로 상대방에게 우월감을 보여줄 수
있는 물품을 휴대하지 말 것

• 모든 일은 반드시 재확인 할 것

18) 그리스(Greece, 아테네)

① 언어는 그리스어

② 종교는 그리스 정교

③ 어른을 공경

④ 만날 때는 악수를 하거나 포옹, 키스를 한다.

⑤ 시간 지키기가 필수적인 것은 아니다.

⑥ 사전 약속은 필요하지 않으며, 약속을 하면 고맙게 생각한다.

⑦ 매우 따뜻하고 친절하며, 과시적

⑧ 어떤 물건에 대해 호기심을 보이면 그 물건을 선사하도록 한다.

⑨ 점심식사는 중요한 식사

⑩ 행복할 때 웃지만 너무 화가 났을 때도 웃는다.

⑪ "No"할 때는 턱을 치켜들고 눈을 부릅뜬다.

⑫ 스포츠나 음악, 정치, 그리스 문화에 대한 화제를 하면 호감을 얻을 수 있다.

⑬ 키프로스, 터키, 미국의 정치 외압에 관한 이야기는 하지 말도록 한다.

19) 헝가리(Hungary, 부다페스트)

① 언어는 헝가리어(마자르어)

② 종교는 로마 카톨릭, 신교

③ 중국인이나 베트남인으로 오인받지 않도록 단정한 옷

차림을 하고 다니도록

④ 우범지역인 칼빈 광장, 남부역 등은 머리를 빡빡 깎은 Skinhead들의 활동 지역으로 심야 시간대에는 가지 않도록 주의

⑤ 기차 좌석에는 1등석과 2등석, 흡연석, 금연석이 있고 시각표에 $\boxed{R}$ 이 표시되어 있는 기차는 자리 예약이 필수

⑥ 교통

- 택시는 국영, 조합, 개인 택시
- 요금은 국영 · 조합 택시가 비슷하며, 개인택시는 비싸다.
- 자동차 운전시는 반드시 면허증과 차량 등록증, 보험 납입증을 지참
- 대부분의 운전자들은 양보심이 좋으며, 거의 클랙슨을 사용하지 않는다.
- 초보 운전 때에는 "T"자를 사용하며, 초보 운전자에게는 상당히 관대하다.
- 교차로에서는 마름모꼴 사각형에 노란색 표지판이 있는 도로가 우선도로이며, 노란색 표시판이 없는 곳에서는 우측에서 오는 차가 우선
- 시내 및 고속도로 주행시를 제외하고는 즉 시외주행

시는 항상 Light를 켜고 주행하도록 되어 있고 위반시 벌금

- 주차 표시를 해 놓은 곳을 이용하도록 하고, 주정차 금지 표지판이 있는 데에 주차하면 견인
- 음주운전 불허하며, 위반시 운전면허 취소 및 벌금
- 교통 사고 발생시는 현장 그대로 보존

⑦ 국민성

- 서두름이 없고 매사에 묵묵히 기다리는 느긋한 기질
- 동구권 나라 중에서는 학식이 높고 기초 과학분야와 조립식 건축기법이 뛰어나 세계적으로 인정받고 있다.
- 종종 약속시간보다 10~20분 늦는 것을 보면 시간관념이 독일처럼 완벽하지는 않은 편이다.
- 외국인에 대한 태도는 관대하고, 매우 친절한 편

⑧ 비즈니스맨들의 옷차림은 대부분 정장 차림

⑨ 식사 습관

- 식사 초대를 받으면 세 코스로 나누어 음식이 나오므로 양을 조절하여 식사가 끝날 때까지 조금씩 모두 먹어 주는 성의를 보인다.
- 식사 습관은 음식을 남기지 않고 아주 깨끗이 먹으므로, 먹을 양만큼만 덜어서 음식을 남기지 않도록 한다.

⑩ 인사

• 인사성이 밝은 편이며, 처음 보는 사람일지라도 눈이 마주치면 인사

• 잘 알게 된 사이라면 남자, 여자에 관계없이 서로의 볼을 먼저 오른쪽에 대었다가 왼쪽에 대며 인사를 한다.

• 친척, 친구, 애인 등이 만나면 악수하는 것이 아니라 살며시 어깨를 잡고 서로 양쪽 볼을 살짝 대며 인사

• 헝가리인들의 풍습을 따라 인사하면 더욱 친숙해질 수 있다.

⑪ 방문 예절

• 방문하고자 할 때는 사전에 시간약속을 해야 하며, 선물을 주고받는 풍습이 있으므로 방문 목적에 따라 간단한 선물을 준비

• 복장은 정장

• 방문하여 가족들의 안부를 물으면 상당히 좋아하므로 잊지 말고 실시하면 한층 더 친근한 관계를 유지할 수 있다.

• 코트나 가방을 입구에 설치된 보관 장소에 맡기게 되면 보관 번호를 주며, 나올 때 사람이 없으면 반드시 사람을 불러 번호를 주고 물건을 건네 받도록 한다.

(4) 아프리카

1) 남아프리카(South Africa, 프리토리아)
① 언어는 영어, 아프리칸스어
② 종교는 기독교
③ 백인 문화(인구의 약 17%)는 네덜란드와 영국에서 유래
④ 성취에 대하여 자부심을 갖고 있다.
⑤ 분리주의자에 대해 백인들은 예민하고 방어적
⑥ 약속 시간을 정확히
⑦ 필수 광물의 세계적 원산지 역할에 대하여 자부심
⑧ 다양한 언어를 구사하는 흑인이 다수 민족을 차지
⑨ 대화시 인종문제는 일체 거론하지 않는다.

2) 아프리카 지역
① 가격이 시장을 주도
② 허세가 심하고, 과장된 표현에 유의
③ 제품의 설명은 쉽게 하도록
④ 자존심이 강한 국민으로 상대를 높여 주면서 다정한 면을 보여준다.
⑤ 상담시에는 상대방과의 거리를 되도록 가깝게

⑥ 상대방 부인이 상담에 관여할 때 여성이라고 경시하지
말고, 오히려 부인의 장점이나 미모에 대해 칭찬할 것
⑦ 아프리카에서는 뚱뚱한 여성이 미인으로 간주된다는
점에 유의
⑧ 견적 제시에는 견적된 가격의 10% 이상 할인을 요구하
므로 이에 대한 대비책도 갖고 상담에 임한다.
⑨ 신용장은 꼭 확인하고, 상담시 신용장 요구하도록
⑩ 상대방 회사의 규모는 전화 대수나 텔렉스 등으로 판
가름
⑪ 신용이 없어 계약이 이행되지 않는 경우가 빈번

5. 세계화시대의 테이블 매너

(1) 한 식

① 출입문에서 먼 안쪽 중앙이 상석

② 식탁에 몸을 깊숙히 숙이지 말고 단정한 자세로 앉는다.

③ 윗사람이 수저를 든 뒤 아랫사람이 수저를 든다.

④ 국물 마시는 소리, 음식물 씹는 소리, 수저 부딪치는 소리를 내지 않는다.

⑤ 수저와 젓가락을 동시에 한 손에 쥐지 않는다.

⑥ 덜어 먹는 접시가 있으면 적당량 덜어 먹는다.

⑦ 밥은 한쪽부터 먹고 국물은 그릇째 들고 마시지 않는다.

⑧ 식사 도중에는 가급적 자리를 뜨지 않는다.

⑨ 윗사람이 질문하면, 먹던 것을 삼키고 수저를 놓은 다음 대답한다.

⑩ 식사는 같이 끝날 수 있도록 속도를 맞추고, 먼저 끝났으면 수저를 밥 그릇이나 국 그릇 위에 놓았다가 상대방의 식사가 완전히 끝난 후에 내려놓는다.

⑪ 돌이나 나쁜 음식물을 씹었을 때는 옆 사람이 눈치채지 않게 처리한다.

⑫ 식사 자리에서 앉고 일어설 때는 윗사람이 먼저 하고, 아랫사람이 뒤를 이어 행동

⑬ 젓가락으로 집은 것은 반드시 먹도록 하고, 이것 저것 집었다 놓았다 하지 않는다.

(2) 양 식

1) 식탁에서의 올바른 자세

① 반드시 예약을 하고 정장을 하며, 좌석은 안내를 받아 앉도록

② 웨이터가 제일 먼저 빼주는 의자가 상석

③ 여성이 자리에 먼저 앉도록 한다(웨이터가 없을 경우 남성이 여성의 의자를 빼준다).

④ 핸드백 등의 소지품은 의자와 등 사이에 놓는다.

⑤ 한 사람이 식탁을 차지하는 적당한 폭은 65~75cm

⑥ 식탁과 가슴은 주먹 한두 개 간격으로 하고, 자세를 바르게 한다.

⑦ 다리는 가지런히 모으고 의자에 깊숙히 앉는다.

2) 식탁에서의 주의사항

① 머리를 긁거나 턱을 괴거나 팔짱을 끼지 말며, 다리를 꼬거나 흔들지 않는다.

② 입에 음식물이 있는 상태에서 음료를 마시거나 다른 음식물을 먹지 않는다.

③ 식기가 더러울 때는 웨이터를 불러 새로운 것으로 바꿔

달라고 한다.

④ 잔이나 컵에 스푼을 꽂아 두지 않는다.

⑤ 식사중에는 손가락질하거나 트림, 하품 금지

⑥ 나이프나 포크로 물건 가리키지 말 것

⑦ 손에 든 나이프나 포크는 세워 잡지 않으며, 나이프를
입에 대지 않는다.

⑧ 메뉴는 천천히 보도록

⑨ 식사 초대를 받았을 때는 가장 비싸거나 가장 싼 음식
은 주문하지 않는다.

⑩ 식사시간은 다른 사람과 보조를 맞추도록 한다.

⑪ 식기는 손님이 옮겨 놓지 않는다.

⑫ 다른 사람의 실수는 못 본 척하는 것이 예의이다.

⑬ 식사가 끝났다고 식기를 포개 놓는다거나 한쪽으로 치
워 놓지 않는다.

⑭ 대화

　• 멀리 있는 사람과의 대화는 주의

　• 화제는 날씨, 여행, 스포츠, 시사, 문화, 뉴스, 음악 등
의 가벼운 얘기

　• 의견이 대립될 수 있는 종교, 정치, 개인 신상의 문제
등은 피하도록

⑮ 손의 위치

• 식사중에는 큰 접시를 사이에 두고 식탁 위에 가볍게
놓는다.

• 식사 후에는 무릎 위에 얌전히 얹는다.

• 나이프나 포크를 만지작거리지 않는다.

⑯ 이쑤시개나 화장

• 이쑤시개는 테이블에서 쓰지 않는 것이 예의

• 식탁에서 립스틱, 콤팩트 등 화장 금지

⑰ 냅킨 사용법

• 손님 모두가 자리에 앉은 다음 한두 마디 이야기를
나누다가 천천히 자연스럽게 편다.

• 식사 전 건배하는 경우 건배가 끝날 때까지 냅킨을
펴지 않음

• 냅킨은 두 겹으로 접힌 상태에서 접힌 쪽이 자기 앞
으로 오게 무릎 위에 놓음(목에 끼우거나 옆구리에 차지
않도록)

• 냅킨으로 나이프, 포크, 접시 등을 닦거나 수건처럼
얼굴, 목, 손을 닦는 것은 삼가

• 물을 엎질렀을 때 냅킨으로 닦지 말고 웨이터에게 부탁

• 냅킨은 음식을 먹고 나서 입가를 닦거나 핑거 볼을

사용하였을 때 손가락을 닦는 정도로만 사용

⑱ 식사 도중 자리를 뜰 경우 옆 사람에게 양해를 구한 다
음 냅킨을 의자 위에 걸쳐 놓고 일어선다.

⑲ 식사가 끝나면 냅킨을 접어 식탁에 놓는다.

3) 나이프와 포크의 바른 사용

① 나이프와 포크의 위치는 가운데 큰접시를 중심으로 하
여 왼쪽에 포크, 오른쪽에 나이프를 놓는다.

② 나이프는 오른손에, 포크는 왼손에 쥐고 밖에 놓인 것
부터 사용한다.

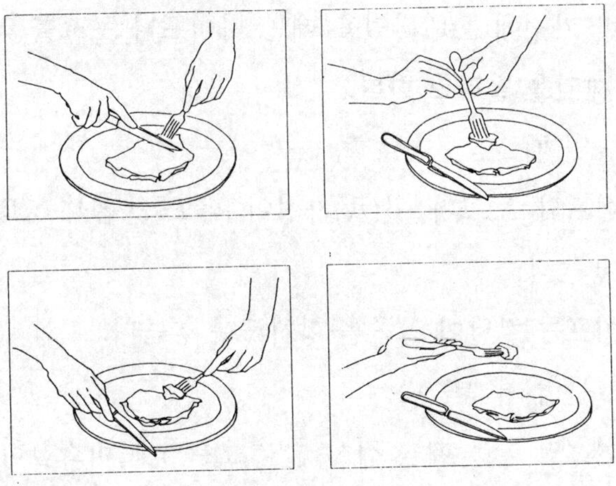

〈포크 바꿔 쥐는 법(미국식)〉

• 나이프와 포크는 바로 세워 들지 않는다.

• 스테이크는 왼손의 포크로 누르고, 오른손 나이프로
입에 들어갈 크기로 잘라 왼손 포크로 찍어 먹는다(미
국에서는 자를 때에는 왼손에 포크를 쥐지만 먹을 때에는
오른손으로 바꿔 쥔다).

• 포크로 일단 찍은 음식은 한입에 먹음

③ 나이프나 포크를 떨어뜨렸을 때는 웨이터에게 새것으
로 부탁한다.

• 떨어뜨린 포크 또는 나이프는 직접 줍지 않는다.

• 식탁 위에 음식물을 떨어뜨렸을 때는 포크로 주워서
접시 한구석에 놓는다.

• 일반 가정에 초대되었을 때는 나이프나 포크를 직접
줍고 새것을 달라고 한다.

④ 식사중일 때

• 나이프와 포크가 팔(八)자형이 되도록 접시 중앙에
올려 놓는다.

• 나이프는 칼날이 안쪽을 향하도록 놓는다.

• 포크는 엎어 놓는다.

• 나이프만 놓을 때는 접시 중앙 오른쪽에 비스듬히 올
려 놓는다.

⑤ 식사가 끝났을 때

　• 나이프와 포크는 접시 중앙 오른쪽에 손잡이가 오른쪽으로 가도록 가지런히 모아 비스듬히 놓는다.

　• 나이프는 칼날이 자신을 향하도록 하여 뒤쪽에 놓고, 포크는 등이 밑으로 가도록 앞쪽에 놓는다.

⑥ 웨이터는 식사 종료 여부를 나이프와 포크가 놓인 상태로 구별한다.

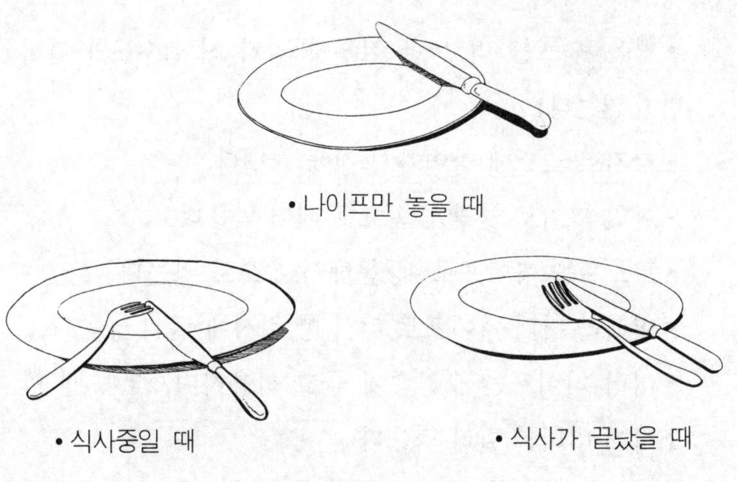

• 나이프만 놓을 때

• 식사중일 때　　　　　　　　• 식사가 끝났을 때

〈나이프와 포크 놓는 법〉

3) 식사 매너

① 물은 오른쪽에, 빵은 왼쪽 접시에 놓는다.

② 음식 먹을 때

- 음식을 입에 넣은 채 와인이나 물을 마시지 않는다.

- 음식을 입에 물고 있는 상태에서 이야기하지 않는다.

- 생선요리는 뒤집어서 먹지 않는다.

- 묻는 말의 답변은 입 안에 든 음식을 먹고 난 후 "죄송합니다"라고 말한 후 대답

② 빵 먹는 매너

- 빵은 수프를 먹고 난 직후에 먹기 시작(수프와 같이 먹지 않는다)

- 디저트 코스에 들어가기 전에 끝낸다.

- 한입 크기로 알맞게 손으로 떼어 먹는다.

- 토스트는 나이프로 4등분해서 손으로 먹는다.

- 버터는 버터 나이프로 떠서 빵 접시에 덜어 놓는다.

- 버터 나이프는 오른손에 들고 사용하며, 작게 뗀 빵 조각에 버터를 발라 먹는다.

- 버터 나이프가 없을 때는 보통 나이프를 쓰는데 반드시 새것을 사용한다.

4) 정식 코스의 식사 매너

① 스테이크

- rare : 표면은 짙은 갈색, 속은 붉은 날고기
- medium rare : rare보다 살짝 더 익힌 상태
- medium : 고기 속이 모두 분홍빛
- well-done : 완전히 구워진 상태

＊큰 고기는 가운데를 자르고 왼쪽에서 오른쪽으로 한입 크기로 잘라 먹는다.

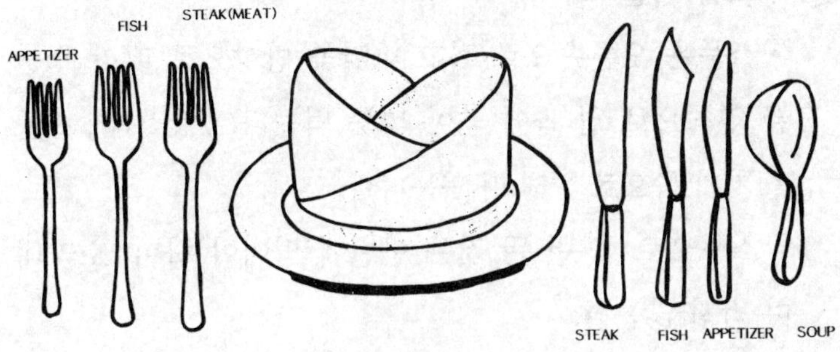

〈정식 코스의 나이프와 포크의 위치〉

② 샐러드와 조미료

  • 미국에서는 야채 샐러드는 고기 먹기 전에, 유럽에서
는 고기 다음에 먹는다.

  • 조미료는 옆 사람에게 부탁

③ 핑거 볼(Finger Bowl)

  • 손가락 씻는 그릇(마시는 실수하지 않도록)

  • 디저트 코스 전 디저트 접시에 얹혀 나온다.

  • 게나 새우의 껍질을 벗길 때는 반드시 핑거 볼에 손
가락을 씻는다.

④ 수프를 먹을 때

  • 스푼은 오른손으로 쥐고 바깥쪽 방향으로 떠서 스푼
끝 옆쪽으로 입 속에 쏟아 넣듯 먹는다(프랑스식 : 스푼
을 자기 쪽으로 향해 떠 먹는다).

  • 스푼으로 한 번 뜬 것은 단번에 먹어야 하며, 소리내
며 먹지 않는다.

  • 수프는 서브하면 곧 먹기 시작

  • 수프를 다 먹고 나면 스푼의 손잡이를 오른쪽으로 하
여 그릇 속에 놓아 둔다.

⑤ 손으로 먹을 수 있는 것

  • 샌드위치, 올리브 열매, 버찌, 캔디 등의 작은 음식

• 수박 같이 껍질을 벗기지 않고 나오는 과일은 안쪽을 먹고 난 후, 반드시 무늬 있는 껍질 부분이 위로 올라오게 놓아 미관상 보기 좋게 한다.

⑥ 커피

• 맨 마지막 코스

• 받침 접시를 들거나 잔을 손으로 받치고 마시지 않도록

• 커피잔의 손잡이는 오른손의 엄지와 손끝 전체로 잡는다(권총 방아쇠 당기듯 잡지 않도록).

〈찻잔 쥐는 법〉

- 티스푼으로 떠 먹지 않는다.
- 사용한 티스푼은 찻잔 뒤에 놓는다.
- 소리내지 않고 마신다.

⑦ 담배

- 레스토랑에서 식사중에 담배를 피우는 것은 실례
- 디저트 후 커피나 식후주를 마시면서 피우도록
- 일반 가정에서는 디저트 후 홍차나 커피를 마시기 시작할 때(피우기 전 옆 사람의 사전 양해를 구해 대답을 들은 다음)

5) 풀 코스 요리의 순서

① 식사 전 주류(Apéritif)

- 세리
- 칵테일
- 소프트 드링크류

② 전채(Appetizer, Hors-d'oeuvres)

- 생굴
- 쉬림프(새우)
- 캐비어(철갑상어알)
- 프와그라(기러기 또는 거위의 간) 등

③ 수프

- 포타쥬(Thick)

- 콘소메 등(Clear)

④ 백포도주(White Wine)

- 모젤

- 샹리브 등

〈와인 글라스 쥐는 법〉

＊와인 선택시 요점 : 산지, 수확 연도, 브랜드, 요리 종류
＊생선요리에는 백포도주, 육류요리에는 적포도주
＊와인의 시음 순서 : 색깔을 본다→향기를 맡아 본다→맛을 본다

⑤ 생선
- 살몬(연어)
- 게
- 갑각류
- 조개류
- 에스카르고(개구리) 등

⑥ 붉은 포도주(Red Wine)
- 메득
- 보조레
- 에루머티쥬 등

⑦ 육류
- 스테이크
- 치킨 등

⑧ 디저트
- 아이스크림
- 케이크
- 푸딩
- 과일 등

⑨ 커피
- 디카페(Decaffte) : 상카

- 레귤러(Regular) : 보통 커피
- 데미다스(Demitasse) : 블랙커피

⑩ 식후의 술(Digestif)

- 위스키
- 브랜디 등

6) 테이블 서비스의 일반 수칙

① 접시에 담겨 나오는 요리는 손님의 오른쪽(미국식)에서 서비스

② 음식을 접시나 볼 또는 투린(뚜껑 덮는 수프 그릇)에 담아 서비스할 때는 손님의 왼쪽(러시아식)에서 서비스

③ 모든 음료는 오른쪽에서 서비스

④ 식사 후 빈 그릇은 오른쪽에서 걷는다.

⑤ 샐러드나 빵과 버터 그릇은 왼쪽에서 서비스

⑥ 드레싱이나 소스 그릇은 왼쪽에서 서비스

⑦ 빵을 바구니에 담아 서비스할 때는 식탁 중앙에 놓는다.

⑧ 핑거 볼은 식탁 왼쪽 위에 놓는다.

⑨ 연장자나 주빈에게 먼저 서비스, 주최자는 마지막에

⑩ 디저트는 디저트용 그릇과 잔 종류를 제외한 모든 그릇을 치운 다음 서비스

(3) 일 식

① 도코노마 앞 중앙이 상석

② 바른 자세로 바르게 앉는다.

③ 윗사람이 나중 착석하고, 일어설 때는 먼저 일어선다.

④ 일본 요리는 조금씩 담으며, 해산물과 회가 많고 한 상 씩 따로 차리는 것이 특징

⑤ 밥을 다시 청할 때는 공기에 밥을 한 술쯤 남긴다.

⑥ 주인이 젓가락을 들라고 권하면 반드시 "잘 먹겠습니 다"라는 인사를 건넨다.

⑦ 젓가락 주머니에 들어 있는 젓가락은 오른손으로 꺼내 어 젓가락 놓는 도구 위에 놓는다.

⑧ 많이 먹고 남긴다는 뜻으로 전부 먹지 않는다.

⑨ 그릇의 뚜껑은 상의 왼쪽에 있는 것은 왼쪽에, 오른쪽 에 있는 것은 오른쪽에 놓는다.

⑩ 밥이나 죽은 받으면 일단 상 위에 놓은 다음 먹는다.

⑪ 밥과 요리는 교대로 한 번씩 먹는다.

⑫ 건배는 단숨에 마시고, 술은 술잔에 조금 남아 있는 상 태에서 다시 채운다(첨잔식).

⑬ 밥공기는 왼쪽 앞에 놓이므로 뚜껑은 왼손으로 열어 들

고, 오른손을 대면서 밥상 왼쪽 옆에 뒤집어 놓는다.

⑭ 국그릇 뚜껑은 오른손으로 열어 들고, 왼손으로 받쳐서 오른쪽에 놓는다.

⑮ 밥을 먹을 때는 공기가 입에 닿지 않도록 들고 젓가락으로 조금씩 떠서 입에 넣는다.

⑯ 밥을 한 젓가락 먹으면 밥공기를 상 위에 놓고, 국그릇을 들고 한 모금 마신 다음 국 건더기를 한 젓가락 건져 먹고, 국그릇을 상 위에 놓는다.

⑰ 밥은 적당량을 청해 먹으며, 한 공기만 먹는 것은 장례식 이외에는 무례한 일이므로 한 번 더 청해 먹는 것이 좋다.

⑱ 다른 사람이 젓가락으로 반찬을 집어들 때 같이 딸려 올라가는 음식을 젓가락으로 떼어 주는 것은 삼가(한국에서 길게 딸려 올라가는 김치 등을 떼어 주듯 하는 행동)

⑲ 국을 다 먹었으면 한 번 더 청하여 먹은 다음 다 먹었으면 뚜껑을 덮어 원래대로 해 놓는다.

⑳ 식사가 끝났으면 젓가락을 다시 주머니에 넣고, 식탁인 경우는 젓가락 놓는 도구 위에 놓는다.

㉑ 식기의 뚜껑은 모두 원래대로 해 놓는다.

(4) 중국식

1) 식사 순서

① 먼저 차가 나옴(왼손으로 바쳐 두 손으로 마심)

② 그날의 메뉴(차이단) 제시

③ 음식

- 전채 : 식사 전 요리(냉채, 숙채 등)
- 주채 : 주된 요리(볶음, 튀김, 찜, 조리, 구이, 끓인 요리 등)
- 점심 : 디저트(면, 빵, 만두, 죽 등)

④ 식사의 격식

- 한 식탁에 6~8명(10명 이내)
- 적당량씩 덜어 먹음
- 인원 · 음식 수는 짝수로 한다.
- 건배는 단숨에 마심
- 한 가지 요리를 다 먹고 난 다음에 다른 요리를 청해 먹음
- 상석에서부터 자기 몫을 덜어 먹음
- 젓가락(콰이주)은 식탁 위에 가로로 놓음(접시 위에 놓지 않도록)

2) 식사 매너
① 출입문에서 떨어진 안쪽 중앙이 상석(향단 쪽)
② 여러 차례에 걸쳐 요리가 나오므로 처음부터 너무 많은
양을 먹지 않도록 한다.
③ 탕 요리는 수저로 떠 탕 그릇에 담아 들고 먹는다.
④ 젓가락으로 집을 수 있는 요리는 개인 접시에 덜어 양
념을 뿌려 먹는다.
⑤ 한 접시의 요리를 둘러앉아 젓가락으로 덜어 먹는 가정
적인 요리가 중국 요리의 특징이다.
⑥ 술은 새로운 요리가 나올 때마다 권하면서 먹는다.
⑦ 젓가락은 접시에 걸쳐 놓지 말고 테이블에 올려놓는다.
⑧ 뼈가 붙은 닭고기 요리 등은 손에 들고 먹어도 무방하
며, 뼈는 마련된 그릇 위에 놓는다.
⑨ 겨자 같은 조미료는 접시에 덜어 두었다가 젓가락 끝으
로 요리에 묻혀 먹는다.
⑩ 윗사람은 나중에 앉고, 일어설 때는 먼저 일어선다.

3) 음주시 주의점
① 깐(乾)! 깐! 을 외치며 술을 권해 올 때는 한 번에 다 들
이키는 건배를 의미하므로 중도에 내려놓으면 실례

② 술이 약한 사람은 음주 전 양해를 구해 놓을 것

③ 술잔이 다 비워지지 않았더라도 수시로 첨잔

④ 술을 먹고 술주정을 부리는 것은 절대 금물

⑤ 주빈에게 축배를 들 때 앉은 채로 하는 것이 보통

4) 차 마시는 법

① 먼저 적당량의 찻잎을 컵에 넣고 뜨거운 물을 부운 다음 뚜껑을 닫고 찻잎이 가라앉을 때까지 기다린 다음 마신다.

② 중국인은 접대시 컵이 비기 전에 계속 물을 채워 준다.

(5) 알아 두어야 할 나라별 테이블 매너

① 미국에서는 점심을 간단히하고 저녁을 풍성하게 먹는다.

② '앙트레(entrée)'는 미국에서는 메인 코스에, 유럽에서는 스타팅 코스에 포함되어 있다.

③ 칵테일 아워(Cocktail Hour)는 미국에만 있다(식사 전 약 1시간 동안 술을 즐긴다).

④ 영국에서는 티타임이 있는데, Afternoon Tea란 저녁때

작은 샌드위치나 과자류를 차와 함께 먹는 것을 말하고
High Tea란 계란이나 훈제 고기를 곁들인 것이다.

⑤ 미국에서는 말고기를 먹지 않는다.

⑥ 미국인은 고기를 썰 때만 왼손에 포크를 쥐고, 먹을 때
는 오른손에 포크를 옮겨 쥔다.

⑦ 미국에서는 식사를 하지 않을 때는 손을 무릎 위에 올
려 놓는다. 그러나 독일에서는 식사를 하지 않을 때라도
손을 무릎에 놓는 것은 결례다.

⑧ 유럽인은 왼손에 포크를 잡고 음식을 먹는다.

⑨ 영국이나 캐나다에서는 냅킨은 기저귀를 의미하므로
'서비에트(Serviette)' 라고 해야 한다.

⑩ 핀란드에서는 조미료 병을 손으로 직접 건네지 않고 옆
으로 밀어 준다.

⑪ 프랑스인은 아침식사 시간에는 상담을 즐기지 않는다.

⑫ 이탈리아와 프랑스는 샐러드를 식후에 먹는다.

⑬ 독일인은 아침 식사시 꿀을 즐기는 민족이다.

⑭ 회교도는 돼지고기를 금하며, 술도 마시지 못하게 되어
있다.

⑮ 인도, 방글라데시, 파키스탄 사람들은 채식을 즐긴다.

⑯ 프랑스에서는 애완견을 식당에 데리고 들어가도 무방

하다.

⑰ 일본에서는 그릇에 담긴 음식 모양을 중시한다.

⑱ 멕시코에서는 점심식사를 대개 13~16시 사이에 한다.

⑲ 세계 대부분의 나라에서는 점심식사를 가장 풍성하게
한다.

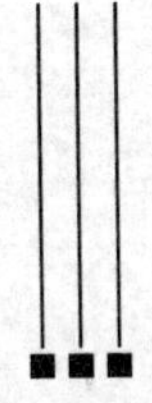

제 **2** 장

고객감동, 행동예절

고객이 있어야 기업이 존재한다.
고객은 1인 10색이므로 고객감동 서비스로
평생고객을 확보하기 위해서는 회사의
대표자라는 입장에서 감동시킬 수 있는
마음가짐, 몸가짐으로 몸에 밴 예절을
실천하는 것이 21세기 직장인의 인프라이다.
고객의 눈과 귀를 즐겁게
마음을 즐겁게 …….

1. 새로운 이미지를 창조하는 용모 복장

(1) 남자 사원의 용모 복장

① 머리

- 앞머리나 옆머리가 이마와 귀를 가리지 않도록
- 유행에 민감한 머리 모양은 타인에게 불쾌감을 줄 수도
- 뒷머리가 와이셔츠 깃을 덮지 않도록
- 자주 감아 청결한 상태 유지

② 얼굴

　• 상대에게 상쾌한 느낌을 주도록

　• 미소 띤 밝은 표정

　• 스킨이나 로션 등을 발라 항상 깨끗한 모습

　• 식사 후 잇새에 음식물이 끼었는가 확인

③ 양복

　• 화려한 원색은 삼가고 청결, 단정하게

　• 바지 주름은 늘 한 줄로 세우도록

　• 연령, 성별, 계절, 근무 환경에 맞게

〈양복 색상에 어울리는 넥타이 고르기〉

양 복 색 상	그에 어울리는 넥타이
검 정 색	연회색, 쥐색, 미색
옅은 청색	감색, 유록색, 짙은 회색
청 색	자주색, 감색, 감청색
옅은 밤색	청보라, 밤색, 감색
밤 색	자주색, 황토색, 적색
짙은 밤색	자주색, 쥐색, 짙은 감색
베 이 지 색	자주색, 옅은 청색, 회색
미 색	옅은 밤색, 감청색, 쥐색

양 복 색 상	그에 어울리는 넥타이
아 이 보 리	황토색, 엷은 청색, 밤색
짙은 감 색	자주색, 연청색, 감청색
짙은 살 색	감색, 미색, 황토색
황 토 색	밤색, 옅은 청색, 청보라
자 주 색	회색, 밤색, 금색
회 색	옅은 자주색, 청록색, 검정색

④ 와이셔츠

〈칼라의 종류〉

레귤러	와이드 스프레드	라운드	클러릭
버튼다운	핀홀	태브	윙

＊싱글 정장 차림 : 라운드, 클러릭
　더블 정장 차림 : 와이드 스프레드, 태브, 클러릭
　스리피스 정장 차림 : 레귤러, 버튼다운, 핀홀

· 흰색이 원칙

· 와이셔츠 칼라 뒷부분이 양복 상의보다 1cm 정도 밖
으로 보이도록

· 와이셔츠 소매는 양복 소매 끝보다 1~1.5cm 정도 나
오도록

⑤ 허리띠

· 검은색이나 짙은 갈색이 무난

· 구두 소재나 색상과 조화될 수 있는 것

· 요란한 무늬나 특정 회사의 상표는 품위 손상

⑥ 양말

· 양복과 잘 어울리는 유사색

· 넥타이나 손수건 등과 맞춰도 좋음

· 양복 바지와 조화를 이루도록

· 흰 양말은 삼가고 목이 긴 것을 신도록

⑦ 넥타이

· 목 언저리까지 꼭 여미도록

· 양복과 조화되는 넥타이 선택

· 자신의 개성과 센스를 돋보일 수 있는 것

· 때, 얼룩, 구김이 없도록

· 길이는 허리띠에 살짝 닿을 정도

〈넥타이의 종류〉

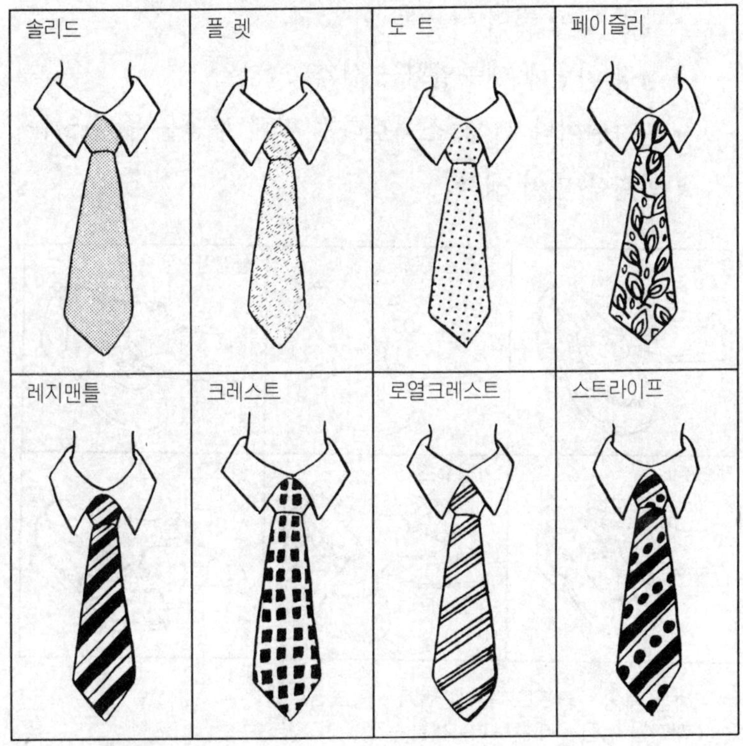

＊솔리드 : 단색으로 주로 공식석상 등의 모임
플 랫 : 잔 무늬
도 트 : 물방울 크기에 따라 분위기 연출. 세련된 무늬
페이즐리 : 아메바 무늬
레지맨틀 : 2~3색을 이용한 줄무늬
크레스트 : 클럽 타이라고도 부르며 규칙적인 문양이 들어 있는 것
로열크레스트 : 스트라이프 무늬가 들어가 있는 것
스트라이프 : 일반적으로 가장 많이 맨다.

고객감동. 행동예절

⑧ 구두

- 매일 닦아 빛이 나도록
- 정장 차림에 캐주얼화는 삼가
- 디자인이나 색상, 소재보다는 발에 부담을 주지 않는
편안함을 먼저 생각

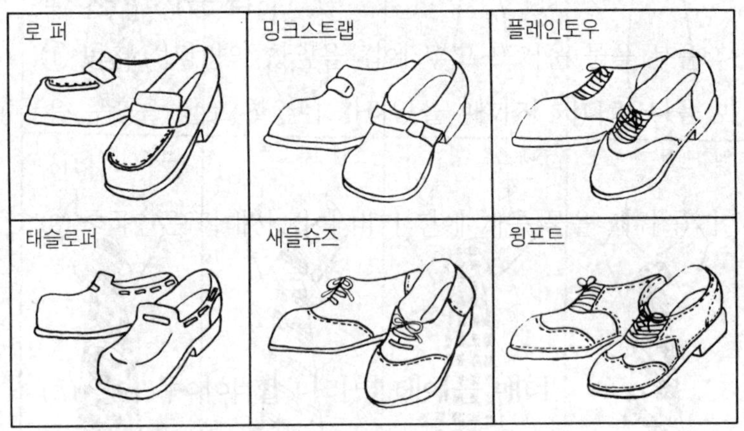

＊정장 차림 : 윙프트, 플레인토우, 밍크스트랩
　캐주얼 복장 : 태슬로퍼, 새들슈즈

- **머 리**
  흘러내리지 않는
  단정한
  머리 모양

- **면 도**
  정결한 인상을 위해
  아침마다 면도를

- **양복 상의**
  품위 있는 색깔
  기능적인 스타일

- **와이셔츠 소매**
  언제나 깨끗이
  양복 소매 끝에서
  1~1.5cm쯤 나오도록

- **손수건**
  깨끗하고 구김이
  없도록

- **양 말**
  양복과 잘
  어울리는 색
  (흰색 피함)

- **구 두**
  잘 닦아 윤기 있게
  (검은색이나 양복과
  어울리는 색상)

- **와이셔츠**
  깨끗한 흰색이
  원칙(소매와
  깃의 청결상태
  주의)

- **배 지**
  양복 왼쪽 깃에
  바르게 부착

- **명 찰**
  제 위치에

- **넥타이**
  양복과
  잘 어울리는
  색깔로 벨트
  위를 스치는
  정도의 길이로
  단정히 맨다.

- **벨 트**
  검정색 또는
  짙은 갈색

- **손 톱**
  짧고 청결하게

- **양복 하의**
  길이는 구두 위를
  가볍게 닿을 정도

〈세련된 남성의 복장〉

(2) 여자 사원의 용모 복장

① 머리
- 윤기 있는 건강한 머리결 유지
- 화려한 머리 장식이나 모양은 삼가
- 긴 머리는 묶어서 활동하기 편하게

② 얼굴
- 미소 띤 밝은 표정
- 얼굴 전체가 웃는 자연스런 미소
- 화장은 밝고 깨끗한 느낌이 들도록
- 입술을 너무 빨갛게 칠해 상대가 거북해하지 않도록

③ 손톱과 스타킹
- 손톱은 깨끗한 상태를 유지
- 스타킹은 피부색과 유사한 색

④ 구두
- 검은 색이나 갈색이 양호
- 겉옷과 어울리는 색상

⑤ 향수
- 병문안이나 행사 때는 신중히 선택
- 한 가지 향수만을 쓰도록

- **얼 굴**
  맑고 편안한
  미소와
  은은한 화장

- **머 리**
  앞머리는
  눈을 가리지
  않게 단정
  하고 윤기
  있는 머리

- **유니폼**
  깨끗이 다려서
  단정한 느낌이
  들도록 해서
  착용

- **손**
  손톱은
  깨끗하고 단정히

- **스커트**
  무릎 선을
  기준으로 너무
  짧지 않게

- **스타킹**
  피부색과
  유사색(올이
  풀어지지
  않도록)

- **명 찰**
  왼쪽 가슴
  주머니 아래
  바르게

- **소 매**
  늘 깨끗하게
  걷거나 말아
  올리지
  않도록

- **구 두**
  활동적이고
  유니폼과
  어울리는 것

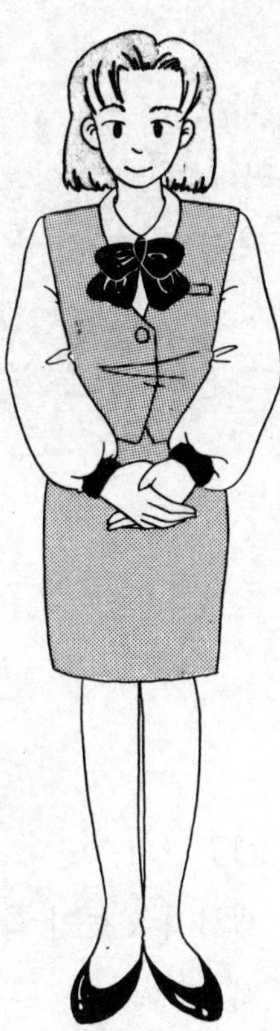

〈매력적인 여성의 복장〉

• 무릎, 복사뼈, 스커트 단, 귀 뒤, 손목, 목 뒤, 발목에
뿌린다.

<미 소>

1. 밝고 순수한 미소
2. 마음에서 우러나오는 미소
3. 얼굴 전체가 웃는 자연스러운 미소
4. 품위 있는 미소
5. 돌아서는 뒷모습에도 계속되는 미소

(3) 유니폼

1) 착용시 유의사항

• 소매와 깃은 항상 깨끗하게

• 지퍼와 단추는 잘 채워져 있는가 확인

• 단추 교환시 같은 것을 사용

• 얼룩이나 틀어진 부분, 구김이 없도록

• 해지거나 손상된 유니폼은 바로 수선

• 바지는 줄을 잘 세워서 입도록

• 바치 길이는 구두 등을 가볍게 스칠 정도

• 바지 밑단은 접어 입지 않도록

• 규정된 벨트를 매도록

• 유니폼에 딸려 나온 벨트가 없을 경우 검정색 벨트가
무난

• 양말은 유니폼과 어울리는 어두운 계열의 색상

• 유니폼 위에 사복을 덧입지 않도록

2) 부착물과 휴대품

① 명찰

• 명찰은 규정된 것을 착용

• 겉옷 왼쪽 가슴 위에 똑바로 부착

• 명찰은 마크 바로 밑 중앙에 부착

② 휴대품

• 주머니에 너무 많은 물건을 넣지 않도록

• 꼭 필요한 물품만 휴대(필기도구, 수첩, 손수건 등)

2. 호감받는 직장인

(1) 직장인이 갖춰야 할 조건

① 밝고 큰 목소리로 내가 먼저 인사하는 것을 생활화하여, 항상 좋은 이미지를 남기도록 노력

② 회사의 모든 사람을 나의 고객이라 생각하고 밝은 표정, 밝은 마음, 밝은 표현으로 친절하게

③ 회사를 좋아하고, 자신의 일을 좋아하고, 사람을 사랑

하면서, 매사를 지혜롭게 성실히 사명감을 가지고 근무

④ 용모는 단정하고 마음가짐은 바르게

⑤ 직원들의 이름을 많이 기억하는 것은 인간관계의 넓이

⑥ 상사의 지시 사항은 정확히 처리, 결과 보고는 기한 내에 신속히

⑦ 초면이라도 미소 띤 표정으로 상대의 긴장된 마음 해소

⑧ 일은 스스로 찾아서 하고, 자신이 한 일과 행동에 책임 지는 조직에 꼭 필요한 고객 감동형 일꾼이 되도록

＊직장생활에서 인사 잘하는 점수는 승진 인사발령의 상승 온도계와 같다(인사는 인사발령).

＊나는 지금 고객을 위해 무엇을 하고 있는지 자아성찰을 하자.

(2) 면담중의 매너

① 면담중 응접실에 들어갈 때는 노크한 다음 들어가 인사한다.

② 면담중의 연락은 메모로 적어 고객에게 메모의 내용이

보이지 않도록 건네준다.

③ 면담중 상사가 들렸을 경우 상사를 고객에게 소개한다.

④ 고객을 장시간 기다리게 할 경우 양해를 구한 다음 중간 보고를 드린다.

(3) 회의중의 매너

① 정시 참석, 정시 시작, 정시 종료 원칙

② 회의 목적을 명확히

③ 참석 대상 소수 정예화

④ 회의 자료 사전 배포(1매 Best)

⑤ 전원 발언, 상호 의견 존중

⑥ 회의 코스트(cost) 최소화(시간은 돈)

(4) 술자리 매너

① 경영 방침이나 특정 인물에 대하여 비판하지 않는다.

② 상사의 험담을 하지 않는다.

③ 과음하거나 자신의 지식을 장황하게 늘어 놓지 않는다.

④ 술좌석을 자기의 자랑이나 평상시 언동의 변명 자리로 만들지 않는다.

⑤ 연장자나 상사에게 술을 받을 때는 두 손으로 받으며, 왼손은 가볍게 술잔에 댄다.

⑥ 술을 따를 때는 술병의 글자가 위로 가게 오른손으로 잡고 왼손을 받쳐 정중한 자세로 따라 권한다.

⑦ 상사와 합석한 술좌석은 근무의 연장이라 생각하고 예의 바른 행동을 보인다.

(5) 담배 매너

① 고객이나 상사가 주머니 이곳저곳을 찾고 있을 때는 여유를 주기 위해 불을 붙여 주는 것은 센스

② 방문객을 맞이하였을 때에도 인사가 끝난 다음 본론에 들어간 후 피우는 것이 예의

③ 금연하는 사람이 많으므로 양해를 구한 다음 피우도록

④ 고객용 담배를 권유받았을 때는 감사의 말을 한 다음 피우거나 사양

⑤ 두 번째 담배를 피울 때는 다시 양해를 구한 다음 피운
다. 줄담배로 피우는 것은 결례
⑥ 담배는 사양해도 예의에 어긋나지 않는다.
⑦ 담뱃재와 꽁초는 반드시 재떨이에 버린다.

〈반드시 금연해야 할 경우〉

• 금연이 명시된 공공 장소
• 상대가 식사를 끝내지 않았을 때
• 걷고 있을 때
• 상사가 지시하고 있을 때
• 서류를 설명할 때
• 웃어른이나 고객 앞에서

3. 엘리트 사원의 근무 예절

회사에서는 사고방식, 나이, 경험이 서로 다른 사람들이 함께 모여 일을 한다. 따라서 업무능률의 향상은 인간관계가 원만한 사람들이 함께 모였을 때만 가능하다. 직장생활을 유쾌하게 하기 위해서는 타인에 대한 존경심과 늘 감사하는 마음이 필요하다.

(1) 출근 시간

① 근무 시작 10분 전까지는 자리에 앉아 업무 준비 완료
② 서로간의 정겨운 인사로 명랑한 직장 분위기 조성(출근 시 인사는 자신감과 충성심의 표시)
③ 옷차림은 유니폼을 착용

(2) 근무 시간

1) 몸가짐

① 그날의 계획에 따른 업무 내용, 보고 사항, 방문 계획 등 작성
② 일에 관련되지 않은 일이나 사적인 일은 삼가
③ 예의 바르고 명랑, 쾌활하게 행동
④ 무단으로 자리를 비우는 일은 절대 없도록
⑤ 고객 앞에서 다른 직원과 잡담하지 않도록
⑥ 금연 장소에서의 금연
⑦ 업무 시간에는 머리를 빗는다거나 화장을 고친다거나 손톱을 깎지 않도록

⑧ 자리에 앉을 때는 의자를 바짝 당겨 앉고, 자리를 뜰 경우 의자를 책상 밑으로 밀어 넣도록

⑨ 사사로운 전화를 한다든가 남의 자리에서 잡담하는 일은 없도록

⑩ 슬리퍼를 끌면서 사무실 통행을 하지 않도록

⑪ 말은 되도록 간단 명료하게

⑫ 장난을 치거나 큰 소리로 웃고 떠드는 등의 행동은 삼가

⑬ 문을 여닫을 때나 통행할 때 고객에게 방해가 되지 않도록 주의

⑭ 전화는 벨이 한 번 울릴 때 왼손으로 들고 오른손으로 메모

⑮ 상사가 고객을 접견하고 있는 옆을 지나갈 때는 고객에게 밝은 표정으로 인사

2) 자리를 비울 경우

① 일에 지장을 초래하지 않도록 일처리를 해 둔다.

② 행선지, 용건, 예정 시간을 메모나 전언 등으로 상사, 동료에게 미리 알린다.

③ 장기간 비울 경우(교육, 출장 등) 책상 위에 표지판을 사용하고 중간중간 사무실로 연락

④ 외출할 때는 상사의 허가를 받도록 하고, 돌아오면 결
과 보고

3) 복도나 계단에서
① 좌측 통행
② 복도나 계단에서 긴 이야기는 삼가
③ 손님과 상사를 앞질러가지 않도록 주의
④ 행선지를 모르는 외부 손님에게는 달려가서 친절히 안내
⑤ 팔짱을 끼거나 손을 주머니에 넣은 채 걷지 않도록
⑥ 껌을 씹거나 담배 피우며 돌아다니지 않도록
⑦ 계단에서는 남자가 먼저 오르고, 여자가 먼저 내려간다.
⑧ 계단에서 여성은 사선 걸음으로 오르내린다.
⑨ 근무 시간중 인사 교환은 인간미, 도덕성의 표시이며
정신 건강에도 좋다.

4) 휴식 시간
① 규정 시간 엄수
② 휴식 시간중이라도 사무실에서는 행동에 조심
③ 음식을 먹으면서 돌아다니지 않도록
④ 사무실에서 졸고 있지 않도록

5) 화장실 사용

① 항상 청결하게 사용

② 잡담을 하거나 큰 소리로 떠드는 일은 삼가

③ 대화에 조심

(3) 퇴근 시간

① 업무 시간이 끝난 뒤에 정리정돈

② 오늘 한 일에 대한 점검과 내일 할 일의 메모

③ PC 전원은 반드시 끄고 디스켓, 보관함, 책상 서랍, 캐비닛 등의 잠금 장치를 꼭 확인

④ 난방 용품은 완전하게 연소

⑤ 상사나 동료, 선배에게 퇴근 인사를 잊지 않도록(퇴근 시 인사는 성취와 감사의 표시)

4. 바람직한 수명과 지시

(1) 지시받는 요령

① 호명이 있으면 메모(업무 노트)를 준비하여 상사에게
간다.
② 경청하며 요점을 기록
③ 5W 2H로 생각하며, 모호한 점은 다시 질문
(When, Where, Who, What, Why, How, How much)

④ 최종 복창해서 정확히 확인

⑤ 다른 상급자에게 지시받은 경우 직속 상사에게 내용
보고

1) 의견이 있을 때

① 상대의 입장을 이해해서 솔직히, 논리 정연하게

② 사실에 입각해서 있는 그대로를 간결하게

③ 근거가 되는 자료 구비

④ 다시 상사의 지시를 구한다.

⑤ 시간상, 능력상 무리라고 판단될 때는 상사의 도움을
받도록

2) 지시를 받고 나면

① 상사의 요구사항이 무엇인지를 정확히 파악

② 일의 중요도를 확인해서 순서를 정한다.

③ 보고 기한 확인

④ 체계적으로 실행

⑤ 진행 상황과 결과 확인

(2) 보고 요령

① 지시받은 결과는 자신이 직접 보고
② 보고는 결론부터 말하고 과정은 나중에
③ 지시한 사람이 자리에 없을 때는 메모를 남긴다.
④ 다른 직원이 알아서는 안 될 보고라면 메모하여 전하는
것이 윗사람에 대한 예의

1) 보고 방법
① 결론 → 내용(이유) → 경과 → 소견
② 간단 명료하고 요점을 강조해 보고
③ 지시한 이에게 직접 보고
④ 사실에 입각한 객관적인 보고
⑤ 적당한 단락을 지어 요점을 알기 쉽게 설명

2) 중간 보고가 필요한 경우
① 업무 소요 시간이 장기화되었을 때
② 업무 지시의 범위를 벗어나게 되었을 때
③ 문제가 발생했을 때
④ 지시한 방침, 방법으로는 수행이 불가능할 때

⑤ 상황이 변경되었을 때

⑥ 결과나 전망이 예견될 때

3) 문서 보고가 필요한 경우

① 중요한 안건인 경우

② 보고 내용이 복잡한 경우

③ 기록으로 남길 필요가 있는 경우

④ 관계 부서에 별도로 보고해야 하는 경우

4) 보고 자세

① 상사의 책상에서 조금 떨어진 측면에서 보고

② 책상이 없는 경우에는 더 멀리 떨어진 곳에서 보고

③ 가까이 서야 할 경우 양해를 구한 뒤 다가가 보고

④ 상사의 권유가 있기 전에는 서서 보고

(3) 업무 지시 요령

1) 업무 지시의 두 가지 초점

① 업무 분할 : 누구에게 시킬 것인가?

② 지시 방법 : 어떻게 전달할 것인가?

2) 업무 분할의 세 가지 조건
① 부하의 지식, 기능, 태도, 잠재력, 장래성 파악
② 지식, 기능, 태도, 긴급성, 중요도, 장래성에 따라 분담
③ 기타 조직이 놓인 상황, 역할 상호 관계, 팀워크, 인간
관계, 업무 할당의 형평성에 맞게

3) 좋은 지시와 나쁜 지시
① 좋은 지시
- 업무의 성격, 중요도, 상황, 상대의 특성, 자질, 능력
에 따른 지시
- 유용하고 정확한 근거에 의한 지시
- 도전하려는 의욕을 불러일으키는 지시
- Vision과 일관성 있는 지시
② 나쁜 지시
- 일관성이 없는 지시
- 구체적이지 못한 지시
- 일방적 지시
- 추상적 지시

- 책임을 회피하는 지시
- 자신감이 없는 지시

4) 상황별 지시 요령

① 일방적
- 엄격한 통제가 필요한 경우
- 긴급한 경우

② 부탁
- 자유 재량의 여지를 주는 경우

③ 유도
- 의욕을 부여할 때
- 강한 책임감을 부여하고자 할 때

④ 암시
- 적극적인 사람에게
- 능력 있는 사람에게
- 자진해서 일하는 사람에게

⑤ 자원
- 무리하게 시킬 수 없는 일
- 업무 내용의 범위를 넘어선 일
- 불유쾌하거나 위험한 업무

5. 마음의 문을 여는 인사

(1) 고객감동 인사법

① 자세
- 표정 : 부드럽고 밝게
- 시선 : 믿음과 애정 어린 눈으로 상대를 바라보며
- 고개 : 반듯하게 들고
- 턱 : 자연스럽게 당겨서

• 어깨 : 힘을 빼고 균형 유지와 편안한 자세

• 무릎, 등, 허리 : 자연스럽고 곧게

• 입 : 다소곳이 다문다.

• 손 : 양손은 둥글게 쥐어 바지 옆선에 붙인다(여자는 공수한다).

• 발 : 발꿈치는 서로 붙이고 양발의 각도는 30도 정도로 벌린다.

〈남녀의 30도 인사법〉

〈상황별 인사법〉

② 인사

• 내가 먼저, 상대를 바라보며, 밝은 표정 큰 목소리로, 상황에 알맞게, 정성을 담아서

• 등과 목은 반듯하게 세우고 배와 힙은 집어넣는다.

• 허리부터 상체를 숙이며 상대와 상황에 맞는 각도로 허리를 굽히며 인사말을 덧붙인다.

• 남자는 차려자세로 서서 주먹 안쪽을 바지 옆선에 대고 인사를 한다.

• 여자는 차려자세에서 공수를 하고 인사를 한다.

〈인사의 5단계〉

• 바른 자세로 선다.
• 상체를 1초간 숙인다.
• 상체를 숙인 채 1초간 멈춘다.
• 2초간 천천히 허리를 든다.
• 바른 자세로 선다.

(2) 상황에 따른 인사

1) 서 있을 때
① 상체를 허리부터 숙인다(1초간).
② 잠시 멈춘다(1초간).
③ 천천히 든다(2초간).
＊4박자 인사법 : 하나에 숙이고 둘에 멈추고 셋, 넷에 천천히 든다.

2) 걸을 때
① 상대방과 2~3m 정도의 지점에 이르렀을 때
② 상대를 향해 기본 자세를 갖춘 후 인사
③ 상급자인 경우에는 상급자가 지나간 후에 움직이도록

3) 계단에서
① 계단에 발을 딛기 전 간단한 예의를 갖춘다.
② 사선 걸음으로 계단을 통과한 후 상대 앞에서 기본 자세를 갖춘 후 인사

4) 앉아 있을 때

① 허리를 곧게 펴고 바른 자세로 앉아서

② 4박자 인사법 실행(15~20도 인사)

<경례(인사)의 종류>

• 배례(의식 인사) : 90도

• 큰경례(정중 인사) : 45도

• 평경례(보통 인사) : 30도

• 반경례(답례 인사) : 15도

5) 거수 경례

① 하급자는 상급자보다 먼저 시작하고 늦게 끝낸다.

② 다섯 손가락을 가지런히 붙여 오른쪽 눈썹이나 모자 챙
에 닿도록 붙인다.

＊주목 경례 : 단체 경례시 국기나 대상을 향해 공경하는
마음으로 주목

6) 악수할 때

① 윗사람이 아랫사람에게

② 여성이 남성에게

③ 기혼자가 미혼자에게

④ 선배가 후배에게 먼저 청한다.

⑤ 악수한 상태에서 왼손으로 상대의 손등을 덮지 않도록

⑥ 상대의 '눈―손―눈'을 보면서

⑦ 오른손에 가방을 들고 있었다면 악수에 대비해서 왼손으로 바꿔 든다.

⑧ 손을 너무 세게 쥐거나 손끝만 내밀어 악수하지 않는다.

⑨ 장갑 낀 손이나 땀에 젖은 손으로 악수하지 않도록

(3) 명함 교환

① 명함은 항상 명함집에 넣어 웃옷 안주머니에 넣어 둔다.

② 명함을 건넬 때는 오른손에 들고 상대의 위치에서 바로 읽을 수 있도록 가슴 높이에서 이름을 밝히면서 건넨다.

③ 명함을 동시에 서로 주고받을 때는 오른손으로 주고, 왼손 바닥으로 받아 오른손 바닥으로 받쳐들고 인사

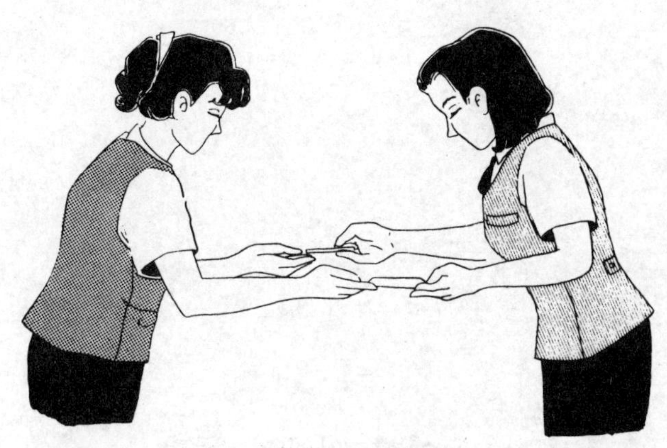

<명함을 주고받을 때>

④ 아랫사람 또는 손님이 먼저 건넨다.

⑤ 받은 명함을 가지고 낙서를 하거나 책상 위에 그냥 내버려 두어서는 안 된다.

⑥ 명함을 가지고 손장난을 하면 안 된다.

6. 우아한 자세와 동작

(1) 걸을 때

① 시선은 전방을 향하고 고개를 떨구지 않도록

② 어깨는 흔들지 말고 곧게 편 자세를 유지하도록

③ 발바닥 전체가 바닥에 닿는 기분으로 발끝 → 발바닥 → 뒤축 순으로 소리 내지 않고 걷는다.

④ 팔은 겨드랑이 15도, 팔꿈치 45도로 자연스럽게 흔든다.

⑤ 손이 바지 옆선을 가볍게 스치도록
⑥ 양발은 11자 모양으로 나란히
⑦ 팔짱을 끼거나 뒷짐을 지거나 주머니에 손을 넣고 걷지
않는다.
⑧ 껌을 씹거나 담배를 피우며 걷지 않는다.

(2) 앉을 때

1) 기본 자세
① 움직임을 멈춘 상태에서 상체를 곧게 세우고 얼굴은 정
면을 바라본다.
② 남성은 다리를 어깨 넓이로 벌리고 앉아 쥔 주먹을 무
릎 위에 올려놓는다.
③ 여성은 한쪽 발을 반보 정도 뒤로 가져가 한쪽 스커트
자락을 누르면서 의자를 확인하고 옆모습을 보이며 천천
히 앉는다.
④ 여성은 무릎과 발끝을 붙이고 손은 공수한 채 무릎 위
에 놓는다.
⑤ 의자와 등 사이의 간격은 주먹 하나가 들어갈 정도로

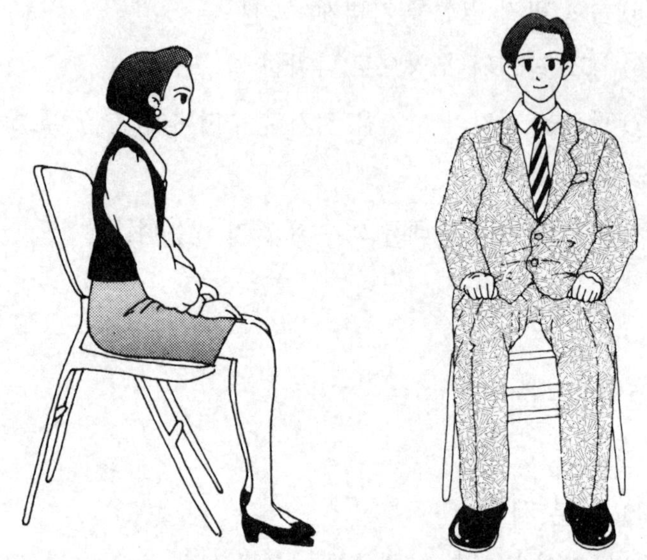

해서 앉는다.
⑥ 시선은 상대를 바라보며
⑦ 다리를 꼬거나 무릎을 떤다거나 팔짱을 끼는 등의 태도
는 삼가

2) 의상에 따른 동작
① 여성의 정장
• 엉덩이를 의자 깊숙히 집어넣도록 하고 등을 반듯하

게 해서 앉는다.

· 무릎 안쪽을 꼭 붙이고 다리를 가지런히 하고 발끝도 나란히 붙인다.

· 편히 앉을 경우 다리와 발끝을 붙여 한쪽 옆으로 비스듬히 놓는다.

· 발바닥은 밑바닥에 밀착시키고 발끝은 앞쪽으로 향하도록 한다.

· 두 손은 가지런하게 공수하여 무릎 위에 내려놓는다.

② 여성의 반바지, 미니 스커트

· 기본자세는 같고 두 손은 공수한 채 치마 끝부분을 눌러 준다.

· 다리를 꼬고 앉을 경우 한쪽 다리를 비스듬히 놓은 다음 다른 한쪽 다리를 얹어 꼬고, 두 다리는 붙인다.

③ 바지

· 기본자세는 같고 다리는 붙인다.

· 남자는 다리를 어깨 넓이 정도로 벌리고 앉으며, 양 손은 양 무릎 위에 각각 주먹을 살짝 쥐어 올려놓는다 (상황에 따라 공수하고 무릎 위에).

(3) 일어설 때

① 여자는 한쪽 발을 반보 정도 앞으로 딛고 일어서면서
양발을 가지런히 모은다.
② 남자는 바로 일어선다.

(4) 방향 전환

① 왼쪽으로 방향 전환할 때는 왼발을 먼저 움직인다.
② 오른쪽으로 방향 전환할 때는 오른발을 먼저 움직인다.
③ 뒤로 방향 전환은 우로 방향 전환을 두 번 반복
④ 뒤돌아 갈 때는 두세 걸음 뒤로 이동한 후 등이 고객
또는 상급자에게 보이지 않게 돌아서 간다.

(5) 고객 앞을 지날 때

① 가벼운 인사를 하면서 조용히 민첩하게 지나간다.
② 서로 몸이 닿지 않도록 사선 걸음으로 지나간다.

7. 성의 있는 고객 응대

(1) 고객 응대의 중요성

직장에서의 고객 접대는 회사를 대표하는 자격으로 친절하고 세련된 매너로 회사의 좋은 이미지를 심도록 노력한다.
고객 요구를 미리 알아서 해결하는 것이 진정한 의미의 '고객 응대'이다.

〈고객 응대 10대 용어〉

① 어서 오십시오.　　　② 안녕하십니까?

③ 무엇을 도와드릴까요?　　④ 네, 알겠습니다.

⑤ 잠시 기다려 주시겠습니까?　⑥ 오랫동안 기다리셨습니다.

⑦ 죄송합니다.　　　⑧ 죄송합니다만…….

⑨ 감사합니다(고맙습니다).　⑩ 안녕히 가십시오.

（또 들러 주십시오.)

(2) 감동 주는 고객 응대

1) 고객 응대의 기본

① 밝은 표정으로 일어서서 인사하고

② 정감어린 눈빛으로 상대를 바라보며

③ 밝고 환한 미소를 띠고

④ 고객이 기다리지 않게 신속히 업무 처리

2) 고객 소개

① 지위가 높은 사람에게 낮은 사람을, 나이가 많은 사람에게 적은 사람을 소개

② 남성과 여성 사이에서는 남성을 여성에게 먼저 소개

③ 자신과 친한 사람을 새로운 사람에게 소개

3) 방향 안내

① 손가락을 모아 손바닥 전체를 펴서 방향 지시

② 손등이 보이거나 손목이 굽지 않도록

③ 팔꿈치의 각도로 거리감을 나타냄

④ 시선은 상대의 눈→가리키는 방향→상대의 눈

⑤ 표정은 밝게

＊ 방향 제시가 어려운 곳은 직접 안내를 한다.

〈방향 지시〉

⑥ 고객감동 응대를 위한 5S 자세의 생활화

5S

Stand up

See

Smile

Speed

Skinship

4) 고객감동 서비스

① 고객이 묻거나 기다리기 전에 자발적으로

② 호감과 기쁨을 주고 고마움을 느끼게 하며

③ 고객의 이익을 최우선으로 하는 가치 있는 행동

＊서비스의 제공 시스템

- 다이렉트(Direct) 서비스

- 메일(Mail) 서비스

- 미디어(Media) 서비스

• 이미지 무드(Image Mood) 서비스

• 엘리트(Elite) 서비스

5) 진실의 순간(MOT : Moment of Truth)이란

① 고객과의 접점에 있는 사원 각자는 회사의 얼굴이며 대표자이다.

② 고객은 비록 작은 일일지라도 진실되고 정성어린 나의 모습에서

③ 마음의 문을 열고 우리 회사 전체를 좋게 평가한다.

④ 고객을 순간에 감동시켜야 한다.

> 최일선에 있는 사원의 최초 15초 동안 고객 응대 태도가 회사의 전체 이미지를 결정한다(MOT).
>
> — Jan Carlzon

＊고객을 잃는 이유 : 사망 1%, 이동 3%, 변화 5%,
경쟁 9%, 제품 14%, 태도 68%

(3) 고객 응대시 피해야 할 사항

① 고객 앞에서 복장이나 화장을 고치는 행위
② 화를 내거나 찌푸리는 얼굴 표정
③ 잡담을 하거나 사적인 전화를 하는 행위
④ 핑계를 대거나 불친절한 행위
⑤ 전화를 늦게 받고 부드럽지 못한 전화 응대
⑥ 고객과 상담중 사내 직원을 영접하기 위해 자리를 뜨는 행위
⑦ 주머니에 손을 넣고 있거나 담배를 피우거나 껌을 씹으며 고객을 맞는 행위
⑧ 벽에 몸을 기대거나 다리를 꼬고 앉는 행위

<매너의 기본요소>

• 인 사
• 표 정
• 태 도
• 몸가짐
• 대 화

(4) 고객 안내의 매너

① 손님이 중앙으로 걸을 수 있도록 배려
② 안내자가 상급자보다 두세 걸음 앞에서
③ 수시로 돌아보며 안내
④ 수행할 때는 상급자보다 두세 걸음 뒤에서
⑤ 계단을 이용해 안내할 경우 안내자가 여성이라도 앞서
서 안내

〈고객 안내〉

1) 출입문을 통과할 때

① 인기척을 낸다(노크는 1초에 한 번씩 2~3회).

② 문을 열고 닫을 때는 손만을 사용(발로 밀거나 몸으로 밀지 말 것)

③ 두 손에 물건을 들고 있을 때는 물건을 내려놓은 다음 문을 연다.

④ 문턱을 밟고 서거나 밟고 넘지 않도록

⑤ 가능한 한 방 안의 사람에게 자신의 뒷모습을 보이지 않는다.

⑥ 문을 열고 닫을 때는 소리가 나지 않도록 하고 걸을 때 발소리를 내지 않는다.

⑦ 문은 필요 이상 활짝 열지 말고, 열어 놓은 채 일을 보지 않는다.

2) 엘리베이터에서

① 안내하는 사람이 있을 때는 상급자가 먼저 타고 먼저 내린다.

② 안내하는 사람이 없을 때는 하급자가 먼저 타서 엘리베이터를 조작하고, 상급자는 뒤에 타고 먼저 내린다.

③ 엘리베이터 안에서는 소란스럽게 잡담을 하거나 상대

를 응시하거나 담배를 피우지 않는다.
④ 엘리베이터 안에 여성이 타고 있을 경우에 남성은 모자
를 벗는다.
⑤ 시선은 층 표지판이나 그 외에 부착물을 향하도록

3) 에스컬레이터에서
① 올라갈 때는 상급자가 먼저, 여성이 먼저
② 내려올 때는 하급자가 먼저, 남성이 먼저

(5) 정성스런 선물 매너

① 거래처에 감사의 뜻을 표시할 때는 너무 비싼 것을 선
물하면 마음에 부담을 줄 수도 있으므로 검소하게
② 받은 것을 다시 선물해서는 안 된다.
③ 그 자리에서 펴 보는 것이 예의
④ 선물을 할 때는 반드시 정성껏 포장을 해서
⑤ 출산한 집이나 환자를 방문할 때는 물건을 네 개로 가
져가지 않는다. 또한 흰 꽃은 가져가지 않는다.
⑥ 호흡기 질환자에게는 꽃을 가져가지 않도록

8. 좌석 배치

(1) 승용차

① 운전사가 있을 때
   A. 운전사의 대각선 뒷좌석이 최상석
   B. 운전사 뒷좌석
   C. 뒷좌석의 가운뎃자리
   D. 운전사 옆 좌석(경우에 따라 C와 D는 바뀔 수 있다)

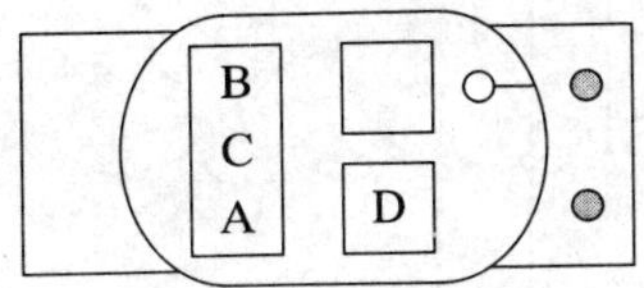
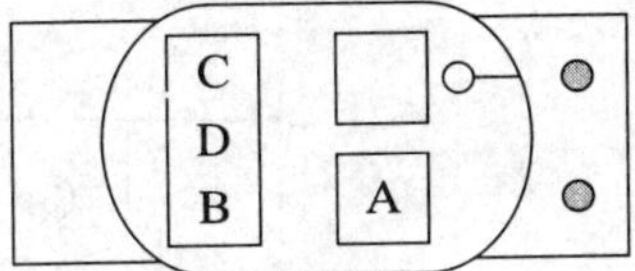

• 기사 운전시   • 자가 운전시

〈승용차에서의 좌석 배치〉

② 자가 운전인 경우
　• 운전석 옆 자리가 상석
　• 운전자의 부인과 동승한 경우 운전석 옆 자리는 부
인석
　＊ 뒷좌석 가운데 여성을 태우지 않도록(여성은 엉덩이
를 좌석 시트에 먼저 댄 다음 양 다리를 붙여 승차)

(2) 비행기

① 비행기는 창가의 자리가 최상석
② 3인용 좌석은 통로 쪽이 두 번째, 가운데가 세 번째
③ 단체 탑승시 인솔 책임자는 나중에 오르고 제일 먼저

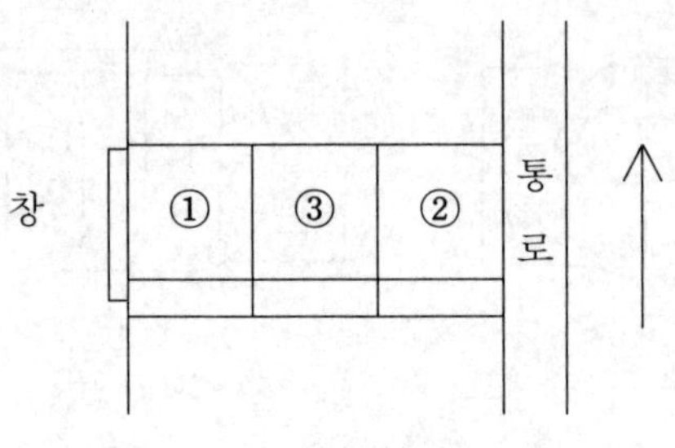

〈비행기의 좌석 배치〉

(3) 열 차

① 진행 방향의 창 쪽이 최상석. 그 맞은편이 두 번째, 최
상석의 옆 좌석이 세 번째, 세 번째 맞은편이 네 번째
② 2층 침대칸인 경우 아래층이 상석

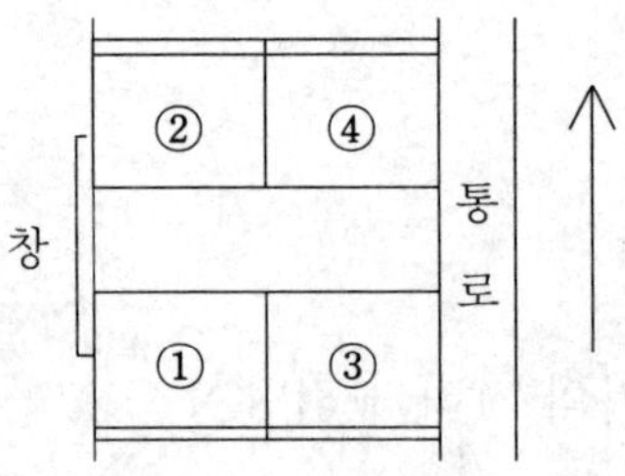

〈열차의 좌석 배치〉

9. 차 접대

(1) 차를 내기 전에

① 잔이나 받침대에 얼룩은 없는가, 깨진 곳은 없는가를
확인
② 내용물은 잔의 70%만 채운다.
③ 찻잔을 놓을 때 소리가 나지 않도록 주의
④ 접대할 인원을 정확히 파악

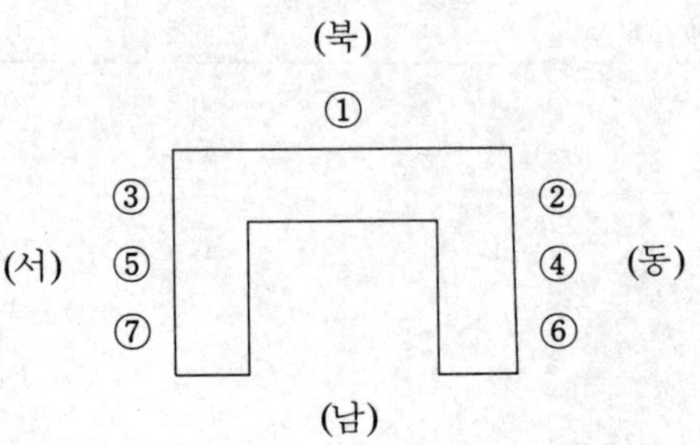

• 탁자에 앉는 경우

〈회의실의 좌석 배치〉

(2) 회의실에 차를 낼 때

① 인원수가 많을 경우 두 사람 이상이 상석을 중심으로 좌우에 서서 차를 낸다.

② 자리가 좁은 경우 회사 직원에게 협조를 받아 찻잔을 전달

③ 사이드 테이블이 없을 때는 테이블 끝에 쟁반을 놓고 차를 대접

④ 찻잔은 고객의 테이블 우측 10cm 정도 앞에

⑤ 서류로 인해 찻잔을 놓을 수 없는 경우 차를 마실 사람에게 물어서 지시하는 자리에 놓아 준다.

⑥ 쟁반을 내려놓을 자리가 없을 경우 왼손으로 쟁반을 들고 오른손으로 차를 낸다.
⑦ 고객 또는 상급자에게 먼저 낸 다음 순서에 따라 접대한다.
⑧ 찻잔은 고객이 돌아간 다음에 즉시 치우도록 한다.

(3) 차 마실 때

① 요란한 소리를 내며 마시지 않도록
② 찻잔의 손잡이를 손끝 전체로 쥐고 마신다.
③ 상사 앞에서는 몸을 반대쪽으로 약간 돌리며 겸손하게 마신다.

10. 호감받는 전화 매너

(1) 전화를 받을 때

① 벨이 울리면 왼손으로 받고 오른손으로 메모할 준비
② 인사말과 함께 소속 부서와 자신의 이름을 밝힌다.
③ 상대를 확인
④ 용건을 확인(찾는 사람이 없을 때는 용건을 메모)
⑤ 전화 통화중에 다른 사람과 상의할 일이 생기면 양해

〈전화 응대 13단계〉

전화 응대의 3요소
정확, 간단, 정중
거는 사람
받는 사람
① 전화 번호를 누른다
② 수화기를 든다
④ 송화자를 밝힌다
③ 수화자를 밝힌다
⑤ 통화하고 싶은 사람을 밝힌다
⑥ 통화자를 바꾼다
⑧ 용건을 말한다
⑦ 통화자를 밝힌다
⑨ 듣고 메모·복창·확인 한다
⑩ 점검(확인)
⑪ 마무리 인사
⑫ 마무리 인사
⑬ 끊는다
•고객 또는 윗사람 : 상대가 먼저 끊도록
•동료 : 건 사람이 먼저 끊도록
＊상황에 알맞고 예의 바르게

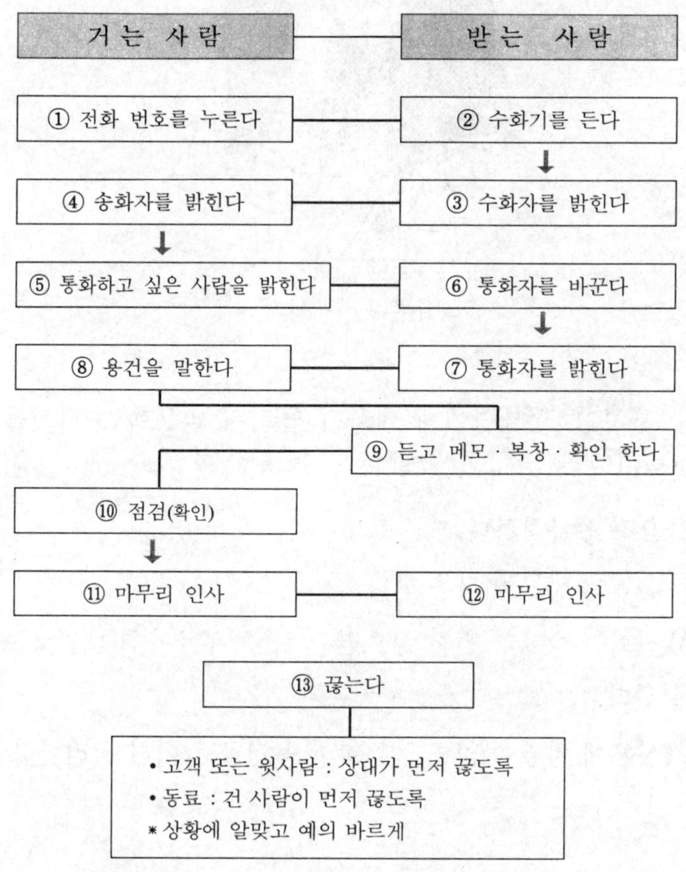

〈올바른 전화 매너〉

를 구하고, 상대방에게 대화가 들리지 않도록 송화기를 막는다.

⑥ 요점을 복창한다.

⑦ 용건에 맞는 인사를 한다.

⑧ 전화는 상대가 먼저 끊으면 잠시 후에 조용히 내려놓도록 한다.

⑨ 사후에 차질이 없도록 전화한 용건을 정확히 처리한다.

(2) 전화를 걸 때

① 용건을 사전에 상세히 메모한 다음 상대의 전화번호를 확인한다.

② 왼손으로 전화기를 들고, 오른손으로 정확히 다이얼을 돌린다.

③ 전화를 받으면 자신을 먼저 밝힌다.

④ 상대를 확인(상대방이 이름을 밝히지 않았을 때)한 후 지명인을 부탁

⑤ 상대와 연결되면 인사를 나눈다.

⑥ 용건을 말한다.

⑦ 요점을 확인하고 마지막 인사를 한다.

⑧ 상대가 먼저 수화기를 내려놓으면 사이를 두고 조용히 끊는다.

⑨ 통화 내용에 대한 일처리를 한다.

* 전화는 귀로 보고, 귀로 듣고, 귀로 말하는 것이므로 좋은 태도, 밝은 표정, 정성을 담은 음성으로 언어만으로 고객을 감동시켜야 한다.

(3) 전화 응대 기본 화법

상 황	화 법
전화를 받았을 때	감사합니다. ~회사 ~(성명)입니다.
기다리게 할 때	죄송합니다만, 잠시 기다려 주시겠습니까?
기다리고 난 후	오래 기다리게 해서 죄송합니다.
물어볼 때	죄송합니다만, ~입니까?
용무처리가 되었을 때	예, 알겠습니다.
용무처리가 안 되었을 때	죄송합니다만,~
부탁이나 의뢰할 때	죄송합니다만, ~해 주시겠습니까?
다시 물어 볼 때	한 번 더 말씀해 주시겠습니까?
담당자를 바꿔 줄 때	담당자를 바꿔 드리겠습니다.
찾는 사람이 없을 때	잠시 기다려 주십시오. 지금 자리에 안 계신데 괜찮으시다면 제가 전해 드리겠습니다.
다른 사람과 상의해야 할 때	잠시 기다려 주시면 알아보겠습니다.
마침 인사	잘 알겠습니다. 감사합니다. 안녕히 계십시오.

11. 신뢰받는 대화 매너

(1) 대 화

① 겸양어나 존대어를 적절히 사용

② 의뢰형으로

③ 긍정형으로 표현

④ 표준어, 일상 용어 사용

⑤ 내용은 알차고 표현은 부드럽게

⑥ 언행일치

(2) 화 술

사원 한 사람 한 사람의 말씨와 태도에 따라 그 회사의 신용과 이미지가 좌우된다. 고객에게 감동을 주고 효과를 높이기 위해서는 교감을 이룰 수 있는 말하는 기술이 있어야 한다.

① 고객의 호소 내용, 원하는 소리, 감정 등을 성실하게 받아들인다.
② 밝은 표정으로 자신있게 요점을 말한다(추측이나 자신 없는 말은 삼가).
③ 상대의 눈을 보며 상황에 맞는 적절한 반응을 보인다.
④ 설득하거나 교육시키려는 자세는 피한다.
⑤ 상대의 말을 단절시키지 않도록 한다.
⑥ 비언어적 표현에 주의한다.
⑦ 되도록 말은 적게 하고 상대의 말을 적극적으로 경청하는 자세로 대화를 진행한다.
⑧ 자존심을 존중하고 고객의 관심 사항에 초점을 맞춘다.

＊연설 매너

① TPO(시간, 장소, 상황)에 맞는 테마와 내용

② 인사 — 이름 — 테마 — 내용 — 이름 — 인사의 순서로

(3) 직장 내에서의 호칭

1) 일반적 호칭

① 상급자 : 성 + 직급 + 님 또는 직책 + 님

　　예) ○부장님, 인사부장님

② 동료 : 이름 + 씨

　　예) ○○○씨

③ 하급자 : 성 + 직책

　　예) ○과장

④ 선배 : 이름(성) + 선배님 또는 선생님

　　예) ○○○선배님, 선생님

2) 직급이 있는 경우

① 직급이 있는 동료 : 성과 직급을 함께 부른다.

② 직급이 있는 상사 : 직급에 '님'자를 붙여 부른다.

③ 같은 직급의 상사가 한자리에 있을 때 : 직책에 성을 붙여 부른다.

④ 직급이 없는 아랫사람 : 이름에 '씨'자를 붙여 부른다.

⑤ 나이가 많은 아랫사람 : 성 뒤에 '선생(님)'으로 부른다.

⑥ 남자 사원 : 성 뒤에 '형'자를 붙여 부를 수 있다.

3) 호칭의 예

① '씨'라고 부를 경우

  • 동년배나 나이 차가 별로 나지 않을 때

  • 나이 차가 많이 날 경우에는 '선생님'이 무난

② '형'이라고 부를 경우

  • 나이 차가 나지 않는 범위 안에서 사용

  • 다른 사람 앞에서 3인칭으로 쓸 때는 '○○○형께서'라는 식으로

  • 나이 차가 많은 연장자에게는 '선배님' 등으로

③ '나'와 '저'라고 부를 경우

  • 나이 차이가 나는 윗사람에게나 공식석상에서 '저'로 표현한다.

  • 조직체의 장은 훈시나 간부회의 때에는 '나'라는 1인칭 사용

④ '께서'라고 부를 경우

• 상급자를 더 높은 상급자 앞에서 3인칭으로 쓸 때 '님' 자를 붙이면 이중의 존칭이 되므로 이 경우에는 '께서'를 붙여 표현한다.

⑤ '선생님'이라 부를 경우

• '선생님'은 존경과 정이 담긴 최상의 존칭이다.

• 누구나 존경할 만한 사람 또는 처음 만나는 사람, 나이 차가 아주 많은 연장자에게 부른다.

• 동년배나 연하자에게는 '선생'으로 부르는 것이 무난하다.

⑥ 남자 직원을 부를 경우

• 남자 직원을 부를 때는 '씨'가 바람직

• 직위가 있을 때는 그 직위 앞에 성을 붙여 부르는 것이 좋다.

⑦ 여자 직원을 부를 경우

• 대부분의 여성들은 '미스'나 '양'보다 '씨'로 불리기를 원하므로 '○○○씨'가 가장 무난한 호칭이다.

• 남자 직원이 선배 여직원을 부를 때는 '선배님'으로 부르는 것이 바람직

⑧ '사모님'이라고 부를 경우

• 사모님이란 호칭은 자기가 직접 배운 선생님의 아내를 부를 때 쓰는 말이다.

• 상급자의 부인 또는 사회적 위치, 경력, 인품으로 스승 자리에 앉을 만한 사람의 아내에게만 쓴다.

제 3 장
사회인의 공중 · 스포츠 매너

사회인의 직장 밖에서의 여가
선용에 있어서도 남과 더불어 살아가기
위해서는 공중도덕과 약속된 생활
방식인 예절을 잘 알고 실천해야 한다. 각 스포츠
마다에 알맞는 복장과 경기 방식,
매너를 정확히 알고 즐긴다면 스포츠와
쉽게 친해질 수 있으며, 또한 대인
관계에도 도움이 된다.

1. 함께하는 공중 매너

(1) 전시장 · 박람회 관람 매너

① 전시품에 함부로 손을 대서 파손시키는 일은 없도록 주
의한다.
② 전시품에 대해 큰 소리로 평을 하는 행위는 삼가
③ 안내원의 지시에 따라 질서를 지키고 조용히 관람 ·
감상

④ 줄을 지어 관람할 때는 한 곳에 오래 머물러 뒷사람에
게 방해를 주지 않도록
⑤ 필요한 경우 사진 촬영은 허가를 얻어서 하도록
⑥ 어린이를 데리고 갈 경우 주위 사람에게 피해를 주지
않도록 유의
⑦ 이리저리 분주하게 뛰어다니지 않는다.
⑧ 음식을 먹으면서 관람하지 않도록

(2) 공연장 매너

1) 강연회 · 음악회 관람 매너
① 프로그램에 흥미를 가지도록
② 강연의 내용에 지루함을 느껴 흥미를 가질 수 없더라도
남에게 방해되지 않도록 조용히 있는다.
③ 박수는 상황에 알맞게 적당히 치도록

<박 수>

• 연극, 오페라, 발레는 막이 내리고
• 기악은 마지막 악장 후에
• 국악은 한 곡 연주 후에
• 판소리나 마당놀이는 흥에 겨우면
  언제든지 박수를 칠 수 있다.

2) 연극 · 영화 관람 매너
① 무대 상연이 시작되기 전에 도착해서 자리에 앉는다.
② 앉아 있는 사람의 앞을 지날 때는 "실례합니다"라는 말

을 잊지 않도록

③ 상영 동안 이야기하며 웃거나 계속해서 꼼지락거려서
주위 사람에게 피해를 주지 않도록

④ 껌 · 팝콘 등을 소리내어 씹지 않도록

⑤ 영화 상영 중에 통로로 나오기 위해서 남 앞을 지날 때
는 몸을 낮게 하여 지나도록

⑥ 연극은 막이 내린 후 퇴장하도록

⑦ 꽃다발 등을 건넬 때는 극이 완전히 끝난 다음에

(3) 거리 · 교통 매너

1) 거리 매너

① 거리에서 4~5명이 나란히 서서 걷는 것은 다른 사람들에게 불편을 준다.

② 복잡한 거리를 지나치게 느리게 걸으면 다른 통행인들에게 불편을 준다.

③ 거리의 모퉁이를 갑자기 돌거나 걷는 방향을 바꾸지 않도록

④ 인도에서 대화를 할 때에는 통행에 방해가 되지 않도록 한쪽으로 서서 얘기

⑤ 남녀가 길을 걸을 때는 남성이 차도 쪽에 선다.

⑥ 음식을 먹으면서 걷거나 담배를 피우며 걷는 일도 피한다.

⑦ 좌측 통행과 교통신호를 지키고 길을 건널 때는 육교나 횡단보도, 지하도를 이용

2) 지하철 · 버스 승차 매너

① 대중교통 이용시는 질서와 양보의 미덕을 갖도록

② 지하철이나 버스를 탔을 때 다리를 넓게 벌려서 많은 공간을 차지하고 앉아 남에게 불편을 주지 않도록

③ 노인이나 아기를 안고 탄 부인에게는 자리를 양보

④ 탈 때에는 여성이 먼저, 내릴 때는 남성이 먼저

⑤ 고속버스 안에서는 안전띠 착용

3) 자가 운전자의 매너

① 교차로에서 차량 정체시는 꼬리물기를 하지 않는다.

② 과로 운전, 졸음 운전, 과속 운전, 음주 운전을 하지 않는다.

③ 방어 운전을 생활화

④ 담배를 물고 운전대에 앉지 않는다.

⑤ 양보하는 미덕

⑥ 갓길 운행을 하지 않는다.

⑦ 안전 운전을 위해 잡담(동승자가 있는 경우)은 피한다.

⑧ 주 · 정차는 지정된 장소에서만

⑨ 급제동, 급정차, 끼어들기 삼가

⑩ 차선을 지키고 일단 정지선을 지킨다.

⑪ 차는 내부와 외부 모두 깨끗하게

⑫ 운전자 상호간 예의 표시(손을 살며시 들면서)

⑬ 야간 신호등 대기시는 전조등을 끄고 미등만 켠다.

4) 선박의 승선 매너

① 단체 승선시 인솔자는 나중에 타고 하선시 먼저 내린다.

② 질서 있게 승선하여 지정석에 앉도록 하고 일반실의 경우 한쪽에 치우쳐 자리하지 말 것

③ 배멀미하는 사람은 미리 약 복용, 위생봉지 사전 준비

④ 선내의 통로, 비상구, 구명대의 위치 확인 및 사용법을 익혀 비상시에 대비

⑤ 용모 복장은 단정히하고 슬리퍼 차림으로 실외를 통행하지 않는다.

⑥ 선내의 비품은 깨끗이 사용하고 사용 후에는 제자리에 놓는다.

⑦ 식사 시간 준수 및 식사중 금연, 잡담 삼가

⑧ 선내에서의 물건 구입시는 필요 물품만 구입하고 관세법 준수

⑨ 흡연시 흡연 장소를 지키고 복도 통행시는 흡연 금지

⑩ 선실의 출입 때에는 반드시 문을 잠그고, 키는 안내실에 보관

⑪ 비상시의 행동 요령 숙지

⑫ 선창 출입시 안전에 유의

⑬ 선내 안내 방송에 따라 행동

2. 취미로 즐기는 스포츠 매너

(1) 테니스(Tennis)

1) 경기 시작 전 매너
① 복장은 가능하면 흰색을 입도록
② 신발 밑창이 우툴두툴한 것은 코트가 상하기 쉬우므로 삼가(테니스화 착용)
③ 시합 예정시간보다 적어도 10~20분 전 경기장에 미

리 도착

④ 선을 긋고 있을 때는 절대로 타구 등의 연습을 해서는
안 된다.

⑤ 코트에 나오면 소지품 등은 경기하는 데 지장이 없는
곳에 보관

⑥ 경기장에 올 때 미리 라켓, 공, 리스트 밴드, 수건, 스웨
터(추리닝) 등을 준비해서 나온다.

⑦ 워밍업은 서로를 위한 것이므로 처음부터 강타를 해서
쓸데없이 공을 잡기 위해 뛰어다니지 않도록

⑧ 정식 시합인 경우 코트에 일단 들어서면 관전하고 있는
사람과 아는 체하거나 말을 건네는 일을 삼가

2) 경기중 매너

① 상대방을 경멸하는 언행은 금물

② 상대방의 타구 방향에 대하여 언짢은 얼굴을 하거나 상
대방의 에러를 기뻐하지 않는다.

③ 자신의 미기(美技)나 네트에 닿아서 상대방 코트로 들
어간 타구나 에러에 대해서는 겸손한 태도를 보인다.

④ 복식 경기인 경우 자기 파트너가 긴장해 있을 때는 격
려의 말을 해주는 아량이 필요

⑤ 네트 근처에 떨어진 공은 상대방이 직접 줍게 하지 말고 자신이 먼저 줍도록

⑥ 복식 경기인 경우 자기 파트너에게 공을 줍게 하지 말고 자신이 먼저 주워서 파트너에게 건네주도록

⑦ 공을 절대로 발로 처리해서는 안 된다.

⑧ 공이 코트 밖으로 나갔을 때 공을 주워 달라고 부탁하고, 공을 받을 때에는 고맙다는 인사말과 함께 정중한 태도를

3) 경기 완료 후 매너

① 승패에 관계없이 경기 완료 후 상대팀과 파트너에게 인사를 나누는 것이 예의

② 복식 경기에서 승리하면 자기 파트너의 도움으로 이길 수 있었고, 지면 내 자신이 실수로 진 것이라는 마음의 자세가 필요

③ 경기의 승패는 상대적이기 때문에 핑계와 이유를 공공연히 표현함을 삼가

(2) 볼링(Bowling)

1) 볼링 매너

① 자신이 선택한 공의 번호나 마크를 기억해 두어 다른 사람 것과 혼동하지 않도록 주의

② 양해를 받지 않고 남의 공을 사용해서는 안 된다(단, 팀 경기의 경우에는 공동 사용 허용).

③ 어프로치에 서게 되면 오른쪽에 다른 투구자가 없는가를 확인하고 몇 초 동안 정신을 집중한다.

④ 오른편에서 투구 모션을 취한 경우 양보

⑤ 공을 쥔 자세로 어프로치에 오랫동안 서 있는 것은 주위에 있는 다른 사람들의 투구 타이밍에 영향을 끼치므로 주의

⑥ 공을 던질 때 레인 위에 '쾅'하고 던지는 식의 투구는 '로프트볼'이라고 하며 레인을 파손시킬 염려가 있다.

⑦ 파울 라인을 밟거나 넘어서서 투구하지 않는다.

⑧ 핀이 완전히 세팅된 후 투구

⑨ 옆 사람에게 방해되지 않도록 경기중인 사람 외에는 앉아서 기다린다.

⑩ 공이 핀을 치는 순간까지 공에서 눈길을 떼지 않는다.

⑪ 관전자는 스트라이크나 스페어 처리가 되면 자기 레인
이 아니더라도 박수를 보낸다.
⑫ 반드시 볼링화를 신고 경기한다.
⑬ 껌을 씹거나 담배 피우는 행위 삼가
⑭ 음주 상태에서는 경기 금지

2) 공을 잡는 요령

① 손가락 구멍이 헐겁거나 빡빡하지 않는 공을 고른다.
② 엄지손가락을 넣어 구멍에 손끝이 닿는 것이 좋다.
③ 가운뎃손가락, 약손가락의 제2관절까지 두 개의 구멍
에 확실하게 넣는다.

3) 볼링 용어

① 하우스 볼(House Ball) : 볼링장에 비치되어 있는 공
② 다임 스토어(Dime Store) : 5번과 10번 핀이 남은 스플릿
③ 더치맨(Dutchman) : 스트라이크와 스페어의 연속으로
200점을 올리는 것
④ 릴리(Lily) : 5 – 7 – 10번의 스플릿
⑤ 마더인로(Mother in Law) : 제7번의 핀
⑥ 사우어 애플(Sour Apple) : 핀을 맞추기는 했으나 공을

쓰러뜨리지 못한 위력이 없는 공

⑦ 스팬(Span) : 공의 손가락 구멍에서 엄지와 다른 손가락 사이의 간격을 말한다. 공을 고를 때의 포인트가 됨

⑧ 애버리지(Average) : 게임의 평균점

⑨ 어프로치(Approach) : 보울러가 투구 동작을 하는 조주로

⑩ 오픈 프레임(Open Frame) : 스트라이크나 스페어를 따지 못한 프레임

⑪ 체리(Cherry) : 스페어 처리시 앞과 뒤에 남은 2개의 핀을 겨냥하여 공을 던졌으나 앞의 핀밖에 넘어뜨리지 못했을 경우

⑫ 카운트(Count) : 제1구에서 쓰러뜨린 핀의 수

⑬ 크리스마스 트리(Christmas Tree) : 3개 남아 있는 핀이 크리스마스 트리의 모양을 하고 있는 것을 말함. 예를 들어 3-7-10번 혹은 2-7-10번의 위치

⑭ 킹핀(King Pin) : 맨 앞쪽 한복판에 서 있는 제1번 핀 '헤드핀'이라고도 함

⑮ 터키(Turkey) : 스트라이크를 3회 연속해서 냈을 때(두 번일 경우는 더블)

(3) 골프(Golf)

1) 골프의 기본 상식

골프는 잘 다듬어진 잔디밭(Green) 위를

맑은 공기(Oxygen)를 마시며

찬란한 햇빛(Light)을 쪼이며

상쾌하게 발로 걷는(Foot walk) 운동이다.

2) 골프 매너 · 에티켓

① 공 및 Tee는 넉넉히 지참할 것

② 사전에 반드시 준비 운동을 해 둘 것

③ Tee Off는 순서대로

④ 다른 사람의 스윙 때는 조용히

⑤ 타구가 날아가는 일직선 방향(앞뒤 선상) 위치에 서 있

지 않도록 하고 시야에 안 들어가도록

⑥ 다른 사람이 Tee Shot을 할 때에는 뒤에서 스윙 연습

금지

⑦ 원구 선타 원칙 : 모든 것은 '깃대 중심'

⑧ 담배 꽁초, 휴지 등은 지정된 장소에 버릴 것

⑨ 실수한 타구를 다시 치거나, 친 다음에도 계속 연습 행

위는 삼가

⑩ 잘 안 맞는다는 등의 신경질을 내거나, 짜증의 표현은
금지

⑪ 전방의 Player가 공이 날아간 곳으로 나갈 때까지는 공
을 치지 말 것

3) 코스의 부분별 명칭

① 보통 18홀로 된 골프 코스는 둘로 나뉨(1~8번 홀까지를
아웃코스, 9~18번 홀까지를 인코스)

② 티 그라운드(Tee Ground) : 보통 '티'라고 부르며, 그 홀
의 플레이가 시작되는 장소, 즉 공을 제일 먼저 치는 곳

③ 페어 웨이(Fare Way) : 티 그라운드에서 그린까지의
사이

④ 러프(Rough) : 페어 웨이 · 그린 · 해저드를 제외한 잡초
지대

⑤ 벙커(Bunker) : 코스 안의 대표적 장애물. 여러 모양으
로 지면을 파고 모래를 깔아 둔 곳

⑥ 홀컵(Hole Cup) : 각 홀의 마지막 종점. 그린의 가운데
구멍을 뚫어 금속제의 원통을 묻고 그 중앙에 깃대를 세
울 수 있게 했다.

⑦ 핀(Pin) : 홀의 위치를 알리기 위해 기(旗)를 달고, 홀의 중심에 수직으로 세워 둔 표시

⑧ 마운드(Mound) : 페어 웨이나 벙커 언저리 또는 그린 주위에 둥글게 쌓아올린 곳

⑨ 오비(Out of Bounds) : 오비 지역은 코스가 아니라는 뜻으로 흰색 말뚝으로 표시해 놓은 곳

4) 골프 스윙시 유의 사항

① 그립(골프채의 손잡이)에 힘이 들어가지 않도록

② 백 스윙은 가볍게 올린다.

③ 공이 맞아 나갈 때까지 머리가 움직여서는 안 된다.

④ 백 스윙할 때 스웨이가 되지 않도록 해야 한다.

⑤ 백 스윙 때와 임팩트 때에 축이 움직이지 않도록 해야 한다.

⑥ 공을 손으로만 쳐서는 안 된다.

⑦ 스윙이 너무 빠르거나 너무 느려도 안 된다.

⑧ 샷을 할 때는 신중히 한다.

⑨ 버팅할 때 양손이 움직여서는 안 된다.

⑩ 적당주의로 요행을 바라면 안 된다.

(4) 스키 매너

① 달리기 시작하면 땀에 젖게 되므로 보온성이 좋고, 통기성이 좋은 스키 웨어를 입도록
② 흰색 옷에 모자 등은 검정색이 좋으나 초보자는 눈에 잘 띄는 황색, 녹색이 좋다.
③ 스키는 경기용이 아닌, 중급자용으로 준비
④ 겨울산 기후는 변덕스러우므로 타러 나서기 전에 일기예보를 감안, 무리하지 않도록
⑤ 기록에 집착해서 무턱대고 달리거나 무리하게 점프 · 프리 스타일을 해 보는 것은 위험한 일

(5) 낚시 매너

① 혼자 즐기는 스포츠이므로 조용한 분위기에서
② 자리를 잡을 때는 옆 사람과 10m 이상 간격을 두고 앉아야 낚시대를 휘두르는 데 지장이 없다.
③ 밤낚시를 할 때에는 조명 등을 맞불로 비추거나 수면을 자주 밝히면 고기가 도망간다.

④ 남은 떡밥·깻묵가루를 물 속에 버리면 수질오염의 주
요인
⑤ 다른 사람이 낚은 그물을 양해 없이 들춰보는 것은 결례
⑥ 치어(어린 고기)는 잡은 즉시 방류
⑦ 논두렁을 허물어뜨리거나 농작물에 피해를 주는 일은
금지
⑧ 쓰레기 등 뒤처리는 깨끗이

(6) 당구 매너

① 담배를 입에 문 채 경기를 하는 것은 삼가
② 술에 취한 상태에서는 경기를 하지 않도록
③ 큰 소리로 떠들며 옆의 사람에게 해를 끼치는 행동은
피한다.
④ 신발은 단정하게(슬리퍼 등을 신고 경기하지 않는다)
⑤ 껌이나 침을 마루에 뱉는 일은 없도록
⑥ 경기 도중 옆 당구대에서 게임을 하는 사람과 몸이 닿
거나 큐를 부딪쳤을 때 먼저 사과
⑦ 내기 당구는 금물

(7) 등산 매너

① 속옷은 면으로 챙겨 입고, 그 위에 티셔츠와 점퍼 차림
에 바지는 부드럽고 질긴 면바지를
② 차양이 있는 모자, 면양말과 목장갑 착용
③ 손수건, 휴지, 비상 의약품 등을 준비하고 가방은 등에
메는 것이 좋다.
④ 땀을 많이 흘리는 사람은 산행 전에 소금을 먹어 둔다.
⑤ 혼자만의 등산은 피한다.
⑥ 일행과 서로 떨어지지 않도록 일정거리 유지
⑦ 나무를 꺾거나 돌을 아래로 굴려서는 안 된다.
⑧ 음식이나 물을 너무 많이 가지고 오르지 않도록
⑨ 공중도덕을 지킨다.

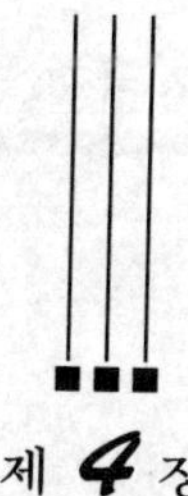

제 **4** 장
신토불이, 전통예절

세계인과 더불어 살려면 우리 모두
동방예의지국의 긍지를 가지고 전통예절을 몸에
익혀 예의 바른 우리의 뿌리가 세계로
뻗어나가도록 노력하면서 후손에게 소중한 유산으로
물려주는 것이 현시대를 사는 우리가
해야 할 의무이다. 모방만으로는 세계화가 될 수 없다.
전통 예의문화를 실천하면서 공동체 정신으로
가장 한국적인 기반을 구축하는 것이
세계화의 밑걸음이다.

우리 나라는 동방예의지국(東方禮儀之國)

동방유고국 명왈동이
東方有古國 名曰東夷

기국수대 부자교긍
其國雖大 不自驕矜

기병수강 불침인국
其兵雖強 不侵人國

풍속순후 행자양로 식자추반
風俗淳厚 行者讓路 食者推飯

남녀이처이부동석
男女異處而不同席

가위동방예의지군자국야
可謂東方禮儀之君子國也

옛부터 동쪽에 나라가 있으니 동이라 한다. 그 나라가 비록 크지만 교만하지 아니하고, 그 군사는 비록 강하지만 남의 나라를 침략하지 않았다. 풍속이 순박하고 인정이 두터워 길을 다니는 이들이 길을 서로 양보하고, 음식을 먹는 이들이 먹을 것을 서로 미루며, 남자와 여자가 다른 곳에 기거해 함께 섞여 앉지 아니하니, 이 나라야말로 동쪽에 있는 예의바른 군자의 나라이다.

— 동이열전(東夷列傳)에서

1. 예의 범절

　예의 범절이란 일정한 생활문화권 안에 거주하면서 오랜
생활습관을 통해 전해 내려온 사회계약적인 생활규범이다.

　인간은 혼자서는 살 수 없으므로 사회를 만들어 더불어 살
아간다. 공동 생활 속에서 원만히 살아가기 위해서는 상대방
의 생활방식을 이해하고 존중해 주는 마음가짐이 필요하다.

(1) 전통적 예절의 정의

우리 나라는 옛부터 동방예의지국(東方禮儀之國)이라 불릴
만큼 예절에 있어서 단연 선진적인 위치에 있다. 특히 동양
정신 문화의 핵심인 도덕 윤리는 우리 나라를 그 원류로 하
고 있다. 더구나 유교 문화권에 살면서도 생활규범에 있어서
는 우리만의 독자적인 주체성을 지키고 있다.

예절은 문화의 한 부분이라고 하였다. 따라서 예절을 모
든 행동양식의 기본으로 삼았던 우리 조상들이 그랬던 것처
럼, 우리도 예절 바른 민족의 긍지를 갖고 지켜 나가야 할
것이다.

전통이란 오래 전부터 전해져 오는 것으로 현대를 사는
우리가 계승할 가치를 인정할 때 비로소 진정한 의미를 갖
는다.

서구문화가 유입되면서 인사를 악수로 하는 경우가 많아
지게 되었지만 우리의 전통 배례(拜禮)방식이 달라져서는 안
된다. 생활방식은 새로운 생활 여건으로 인해 변화되겠지만
전통예절을 지킨다고 해서 현대생활에 지장을 초래하는 것
이 아니라면 전통예절은 지켜지고 행해져야 할 우리의 고유
문화이다.

곧 문화민족, 유구한 역사민족으로서의 자랑이며 긍지인 것이다. 그러므로 세계화시대에 세계 속의 한국인이 되려면 우리 모두 동방예의지국의 긍지를 가지고 한국인의 정신, 즉 공동체 정신으로 우리의 전통적인 예의 문화를 올바르게 이해하고 실천하는 것이 세계화시대의 필수 과제라 하겠다.

(2) 고전에 나오는 예절

定心應物하면 雖不讀書라도

可以爲有德君子이니라.

마음가짐을 선하게 하여 모든 일에 대처한다면 글을 읽지 않았더라도 덕이 있는 군자가 될 수 있다. 즉 마음이 안정되어야 이치를 정확하게 판단하고 사물에 대응하는 것이 정도(正道)를 벗어나지 않음을 뜻한다.

— 明心寶鑑 正己篇(명심보감 정기편)

景行錄에 云屈己者는 能處重하고

好勝者는 必遇敵이니라.

《경행록》에 이르기를 자기를 굽히는 자는 중요한 지위에
오를 것이나, 이기기를 좋아하는 자는 반드시 적을 만날 것
이다. 즉 사람은 언제나 몸가짐을 겸손하게 하고 자신을 뽐
내려는 그릇된 사고방식을 경계해야 한다.

—明心寶鑑 戒性篇(명심보감 계성편)

老少長幼는 天分秩序니

不可悖理而傷道也이니라.

늙은이와 젊은이, 어른과 어린이는 하늘이 정한 차례이
니 사물의 바른 도리를 어기고 도를 상하게 하지 못하느리
라. 즉 사람은 언제나 어른을 공경하는 도덕질서를 지켜야
한다.

—明心寶鑑 遵禮篇(명심보감 준례편)

夫禮者는 所以定親疏하고

決嫌疑하며 別同異하고

明是非也니라.

　예란 친한 것과 소원한 것을 정하고, 의심스러운 것을 해결하며, 같고 다른 것을 구별하고, 옳고 그른 것을 밝히는 것이다.

—禮 記(예기)

人有禮則安 無禮則危하고

故曰禮者不可不學也니라.

夫禮者 自卑而尊人이라.

　사람이 예가 있으면 편안하고 없으면 위태롭기 때문에 예를 배우지 않을 수 없는 것이다. 무릇 예라는 것은 자기를 낮추고 남을 높이는 것을 원칙으로 한다.

—禮 記 曲禮上第一(예기 곡례상제일)

<ruby>不知命<rt>부 지 명</rt></ruby>이면 <ruby>無以爲君子也<rt>무 이 위 군 자 야</rt></ruby>고

<ruby>不知禮<rt>부 지 례</rt></ruby>면 <ruby>無以立也<rt>무 이 립 야</rt></ruby>이며

<ruby>不知言<rt>부 지 언</rt></ruby>이면 <ruby>無以知人也<rt>무 이 지 인 야</rt></ruby>이니라.

천명을 알지 못하면 군자가 될 수 없고, 예를 알지 못하면 남 앞에 설 수 없으며, 말을 알지 못하면 남을 알 수가 없느니라.

— 論 語(논어)

<ruby>非禮勿視<rt>비 례 물 시</rt></ruby>하며 <ruby>非禮勿聽<rt>비 례 물 청</rt></ruby>하며

<ruby>非禮勿言<rt>비 례 물 언</rt></ruby>하며 <ruby>非禮勿動<rt>비 례 물 동</rt></ruby>하라.

예절이 아닌 것은 보지 말며, 예절이 아닌 소리는 듣지 말며, 예절이 아닌 일은 말하지 말며, 예절이 아닌 일에는 움직이지 말라.

— 論 語(논어)

<ruby>天命之謂性<rt>천 명 지 위 성</rt></ruby>이며 <ruby>率性之謂道<rt>솔 성 지 위 도</rt></ruby>이고

<ruby>修道之謂教<rt>수 도 지 위 교</rt></ruby>이다.

하늘이 명한 것이 성(性)이고 성을 따르는 것이 도(道)이고 도를 닦는 것이 교(敎)이다.

—中 庸(중용)

측은지심 인지단
惻隱之心 仁之端이며

수오지심 의지단
羞惡之心 義之端이며

사양지심 예지단
辭讓之心 禮之端이고

시비지심 지지단
是非之心 智之端이라.

딱하게 여겨 언짢아하는 마음은 인(仁)의 실마리이고, 자기의 착하지 않음을 부끄러워하는 마음은 의(義)의 실마리며, 사양하는 마음(남을 공경하는 마음)은 예(禮)의 실마리이고, 옳고 그름을 가리는 마음은 지(智)의 실마리이다.

—孟 子(맹자)

사친자거상불교
事親者居上不驕하고

위하불란   재추부쟁
爲下不亂하며 在醜不爭이라.

거상이교즉망
居上而驕則亡하고

爲下而亂則刑하고 在醜而爭則兵이니라.

어버이를 섬기는 자는 윗자리 있어도 교만하지 않고, 아랫
자리에 있어도 어지럽지 아니하며, 많은 사람 중에 있어도
다투지 아니하느니라. 윗자리 있으면서 교만하면 망할 것이
요, 아랫자리 있으면서 어지럽히면 형벌을 받을 것이요, 많
은 사람 중에 다투면 상처를 입을 것이니라.

—孝 經 紀孝行章(효경 기효행장)

1) 고전(古典)의 구사(九思)

구사(九思)란 '아홉 가지 생각하는 법'으로 논어에 나오는
글이며 〈소학(小學)〉과 〈격몽요결(擊蒙要訣)〉에도 소개되어
있다.

① 시사명(視思明) : 눈으로 볼 때는 밝고 바르게 옳게 보
아야겠다고 생각한다.
② 청사총(聽思聰) : 귀로 들을 때는 소리의 참뜻을 밝게
들어야겠다는 생각이다.
③ 색사온(色思溫) : 표정을 지을 때는 온화하게 해야겠다
고 생각한다.

④ 모사공(貌思恭) : 몸가짐이나 옷차림에는 공손해야겠다
고 생각한다.
⑤ 언사충(言思忠) : 말을 할 때는 참되고 정직하게 해야겠
다고 생각한다.
⑥ 사사경(事思敬) : 어른을 섬길 때는 공경스럽게 할 것을
생각한다.
⑦ 의사문(疑思問) : 의심 나고 모르는 것이 있으면 아는
이에게 물어서 배우겠다고 생각한다.
⑧ 분사난(忿思難) : 분하고 화나는 일이 있으면 어려운 지
경에 이르지 않게 할 것을 생각한다.
⑨ 견득사의(見得思義) : 자기에게 이로운 것을 보면 그것
이 정당한 것인가를 생각한다.

2) 고전(古典)의 구용(九容)

구용이란 '아홉 가지 모습'이라는 뜻으로 〈소학〉과 〈격몽
요결〉에 나오는 글이다.

① 족용중(足容重) : 발을 옮겨 걸을 때는 무겁게 한다.
② 수용공(手容恭) : 손은 쓸데없이 움직이지 않으며 일이
없을 때는 두 손을 모아 공손하게 공수한다.

③ 목용단(目容端) : 눈은 단정하고 곱게 떠서 지긋이 정면을 본다.

④ 구용지(口容止) : 입은 조용히 다물어야 한다.

⑤ 성용정(聲容靜) : 말소리는 나직하고 조용하게 해야 한다.

⑥ 두용직(頭容直) : 머리를 곧고 바르게 가져 의젓한 자세를 지킨다.

⑦ 기용숙(氣容肅) : 호흡을 조용히 고르게 하고 안색을 평온히 해서 기상을 엄숙하게 갖는다.

⑧ 입용덕(立容德) : 서 있는 모습은 그윽하고 덕성이 있어야 한다.

⑨ 색용장(色容莊) : 얼굴 표정은 항상 명랑하고 씩씩하게 갖는다.

3) 주자십회(朱子十悔)

① 불효부모사후회(不孝父母死後悔) : 부모에게 효도하지 않으면 죽은 뒤에 뉘우친다.

② 불친가족소후회(不親家族疏後悔) : 가족에게 친절치 않으면 멀어진 뒤에 뉘우친다.

③ 소불근학노후회(少不勤學老後悔) : 젊을 때 부지런히 배우지 않으면 늙어서 뉘우친다.

④ 안불사난패후회(安不思難敗後悔) : 편할 때 어려움을 생
각하지 않으면 실패한 뒤에 뉘우친다.
⑤ 부불검용빈후회(富不儉用貧後悔) : 편할 때 아껴쓰지 않
으면 가난한 후에 뉘우친다.
⑥ 춘불경종추후회(春不耕種秋後悔) : 봄에 종자를 갈지 않
으면 가을에 뉘우친다.
⑦ 불치원장도후회(不治垣墻盜後悔) : 담장을 고치지 않으
면 도적맞은 후에 뉘우친다.
⑧ 색불근신병후회(色不謹愼病後悔) : 색을 삼가지 않으면
병든 후에 뉘우친다.
⑨ 취중망언성후회(醉中妄言醒後悔) : 술 취할 때 망언된
말은 술 깬 뒤에 뉘우친다.
⑩ 부접빈객거후회(不接賓客去後悔) : 손님을 접대하지 않
으면 간 뒤에 후회한다.

4) 예기에 나오는 위계를 정하는 기준
① 연장이배즉 부사지(年長以倍則 父事之) : 나이가 자신보
다 갑절이 더할 때에는 아버지를 섬기는 예로써 섬긴다.
② 십년이장즉 형사지(十年以長則 兄事之) : 나이가 자신보
다 10년이 더하면 형님을 섬기는 예로서 섬긴다.

〈三綱(삼강)〉	〈五倫(오륜)〉
君 爲 臣 綱	君·臣 有 義
	父 子 有 親
夫 爲 婦 綱	夫 婦 有 別
	長 幼 有 序
父 爲 子 綱	朋 友 有 信

③ 오년이장즉 견수지(五年以長則 肩隨之) : 나이가 자신보다 5년이 더하면 어깨를 나란히 해서 이에 따른다.

5) 특수 분야의 위계와 질서

① 6년 이상 10년까지는 나이가 많은 쪽이 친구로 지내자고 허락할 때만 친구 사이로 지낼 수 있고, 5년 이내에 드는 사이는 서로 친구처럼 지낼 수 있다.

② 세대·연령·직급 차이에 상관없이 위계가 있는 경우가 있다. 가르치는 선생님과 배우는 제자, 잘하는 사람과 못하는 사람, 앞선 사람과 뒤진 사람과 같은 경우다.

③ 학문과 덕망이 있어 남의 모범이 되고 존경을 받을 만

한 사람은 웃어른이고, 그렇지 못한 사람은 아랫사람으로
서 그를 배우고 본받고 존경해야 한다.

6) 맹자에 나오는 사회의 위계 질서

① 조직 사회에서는 직급을 최우선으로 하고
② 일반 사회 생활에서는 나이를 최우선으로 하고
③ 세상을 바르게 하고 백성의 어른이 되는 데는 학문과
덕성을 최우선으로 한다.

2. 가정·가족

(1) 가정과 가족의 의의

가정은 나라와 사회를 이루는 가장 기초적인 단위체로 조상에게서 물려받은 가정을 훌륭하게 잘 가꿔 후손에게 영광스럽게 물려주는 영원한 것이다.

전통 관습에 따른 가족이란 그가 죽었을 때 상복을 입는 가까운 척족까지를 범위로 하고 있으나 현행 호적법상으로는 부모, 아들 부부, 손자녀와 미혼 자녀로 한정되어 있다.

가족을 이해하기 위해서는 혈족, 척족, 친족의 개념이 있어야 하겠다.

① 혈족 : 같은 조상을 뿌리로 해서 갈라져 내려온 씨줄로써 직계 혈족과 방계 혈족이 있다.
② 척족 : 혼인으로 인해 맺어진 친족
③ 친족 : 촌수가 가까운 한 핏줄로 배우자, 혈족, 인척 등을 통틀어 이르는 말이다. 즉 배우자 및 8촌 이내의 부계 혈족, 4촌 이내의 모계혈족, 남편의 4촌 이내의 모계 혈족, 아내의 부모 등을 지칭한다.

(2) 촌수 관계

친척간의 멀고 가까운 관계를 말할 때 촌수로 말한다. 직계 가족의 촌수는 대수(代數)로 따진다.

아버지와 나는 1촌, 할아버지와 나는 2촌이 되는 것이다. 4촌과 5촌간은 종(從)이라 하고, 6촌과 7촌은 재종(再從), 8촌과 9촌은 삼종(三從)이라 부른다.

④ 高祖父母 고조부모
⑤ 曾大姑母 증대고모
③ 曾祖父母 증조부모
⑤ 從曾祖 종증조
④ 大姑母 대고모
② 祖父母 조부모
④ 從祖父母 종조부모
⑥ 再從祖 재종조
⑤ 陳內從叔 진내종숙
③ 姑母 고모
① 父母 부모
③ 伯·叔父母 백·숙부모
⑤ 堂叔父母 당숙부모
⑦ 再從叔 재종숙
⑥ 陳內再從 진내재종
④ 內從 내종
② 姉妹 자매
본 인
② 兄弟 형제
④ 從兄弟 종형제
⑥ 再從兄弟 재종형제
⑧ 三從兄弟 삼종형제
⑦ 陳內再從姪 진내재종질
⑤ 內從姪 내종질
③ 甥姪 생질
① 女 딸
① 子 아들
③ 姪 조카
⑤ 堂姪 당질
⑦ 再從姪 재종질
⑨ 三從姪 삼종질
⑧ 陳內三從孫 진내삼종손
⑥ 內再從孫 내재종손
④ 甥從孫 생종손
② 外孫子 외손자
② 孫女 손녀
② 孫子 손자
④ 從孫 종손
⑥ 再從孫 재종손
⑧ 三從孫 삼종손
⑩ 四從孫 사종손

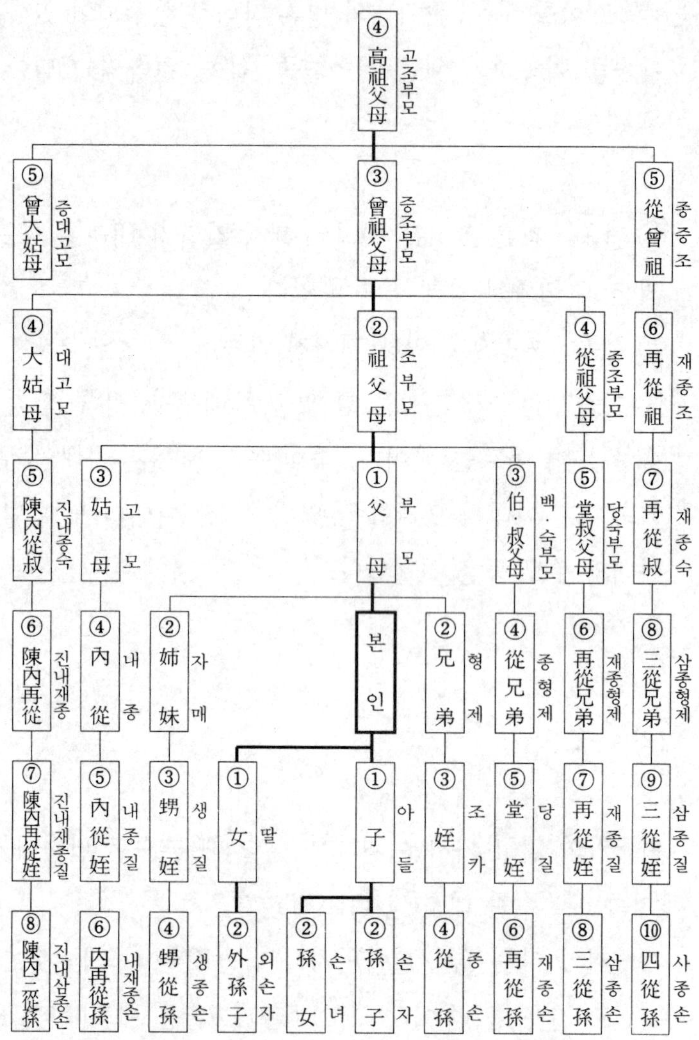

〈친가의 계보도(系譜圖)〉

③ 外曾祖 외증조
② 外祖父 외조부
④ 外從祖 외종조
③ 姨母 이모
① 母 어머니
③ 外叔 외숙
⑤ 外堂叔 외당숙
④ 姨從 이종
본인
④ 外從 외종
⑥ 外再從 외재종
⑤ 姨從姪 이종질
⑤ 外從姪 외종질
⑦ 外再從姪 외재종질
⑥ 姨再從孫 이재종손
⑥ 外再從孫 외재종손
⑧ 外三從孫 외삼종손

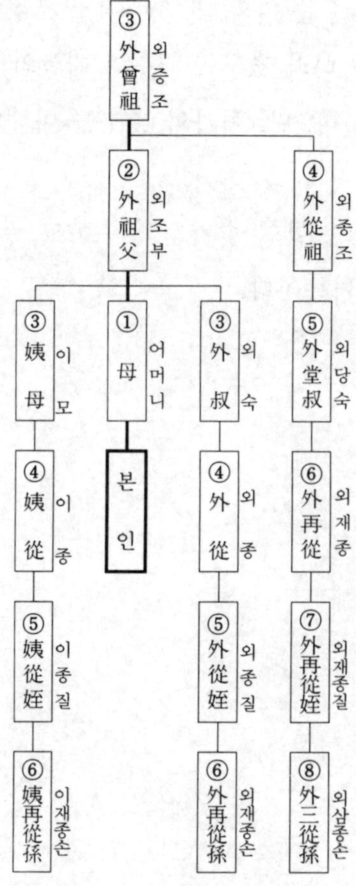

〈외가의 계보도(系譜圖)〉

방계 가족간의 촌수는 나와 대상이 어느 조상에서부터 갈렸는가를 먼저 알고 나와 조상의 대수와 대상의 조상 대수를 합산해 촌수로 정한다. 단, 처가의 촌수는 아내와의 촌수로 따진다.

계보도의 그림의 ○안의 숫자는 촌수이고, 굵은 선은 직계, 가는 선은 방계가족이다.

3. 한 복

복잡한 현대생활은 의생활의 간소화를 요구하게 되었고 따라서 우리 고유의 한복은 명절이나 결혼, 약혼 등의 특별한 의식을 위한 예복으로 그 인식이 변화되고 있다.

그런데 이처럼 특별한 날에만 입다 보니 한복 입는 법을 제대로 알지 못하는 사람들이 의외로 많다.

한복은 선이 기본이 되고 고요함 가운데 동적인 힘을 느끼게 하는 생활리듬을 느낄 수 있는 멋스럽고 우아한 의복이다.

(1) 한복의 특징

① 어깨의 곡선이나 소매진동의 섬세하고 아름다운 곡선
은 한국적인 아름다움의 대표격이라 할 수 있다.

② 연령이나 성별 또는 상황에 따라 색깔이나 모양을 달리
한다.

- 결혼을 하지 않은 여자는 노랑저고리와 다홍치마
- 결혼한 젊은 여자는 연두색 회장저고리에 다홍치마
- 나이든 여자의 옷은 남치마에 옥색 회장저고리

③ 자주고름은 남편이 있는 여자들만 맬 수 있었고, 아들
이 있는 여인네들은 남끝동 저고리를 입었다.

④ 상제는 소복을 입고, 기제사 때는 옥색 치마저고리를 입
어야 하기 때문에 시집가는 새댁은 반드시 준비해야 했다.

⑤ 명절에 차례를 지낼 때는 너무 화려하지 않은 색으로
평소에 입던 한복을 입으면 되었다.

(2) 한복의 종류

① 남자는 바지, 저고리, 조끼, 마고자, 두루마기를 잘 갖
추어 입어야 한다. 두루마기는 삼국시대 이래 오늘날까지
입어 온 우리 옷으로 추위를 막는 방한의 목적으로 입기
도 하지만 주로 예를 갖추기 위해서 입는다.

② 여자는 치마, 저고리, 조끼, 배자, 덧저고리, 두루마기

등이 있고 옷감의 종류나 색상이 남자 한복보다 다양하다.
③ 여자들은 한복을 입을 때 겉치마 안에 다리속곳, 속속곳, 속바지, 단속곳, 무지기 등을 입었고 저고리 안에는 속적삼이나 속저고리를 입었다.
④ 근래에는 거추장스러운 속옷을 생략하고 기본적인 것만 입는 경우가 있는데 겉치마와 속옷이 달라붙어 옷맵시를 해치는 경우가 종종 있다.

(3) 남자의 한복

1) 남자 한복의 종류

① 겨울철에는 솜바지 · 솜저고리 등의 솜옷을 입는데, 요즘에는 겹옷을 입는다.
② 겨울에는 솜옷, 가을에는 겹옷, 여름에는 홑옷으로 고의 · 적삼 · 홑조끼를 입는다.
③ 예복에는 대례복과 상복이 있고, 평상복에는 속옷으로 속고의 · 적삼을 입은 다음 겉옷으로 바지 · 저고리에 마고자를 입는다.

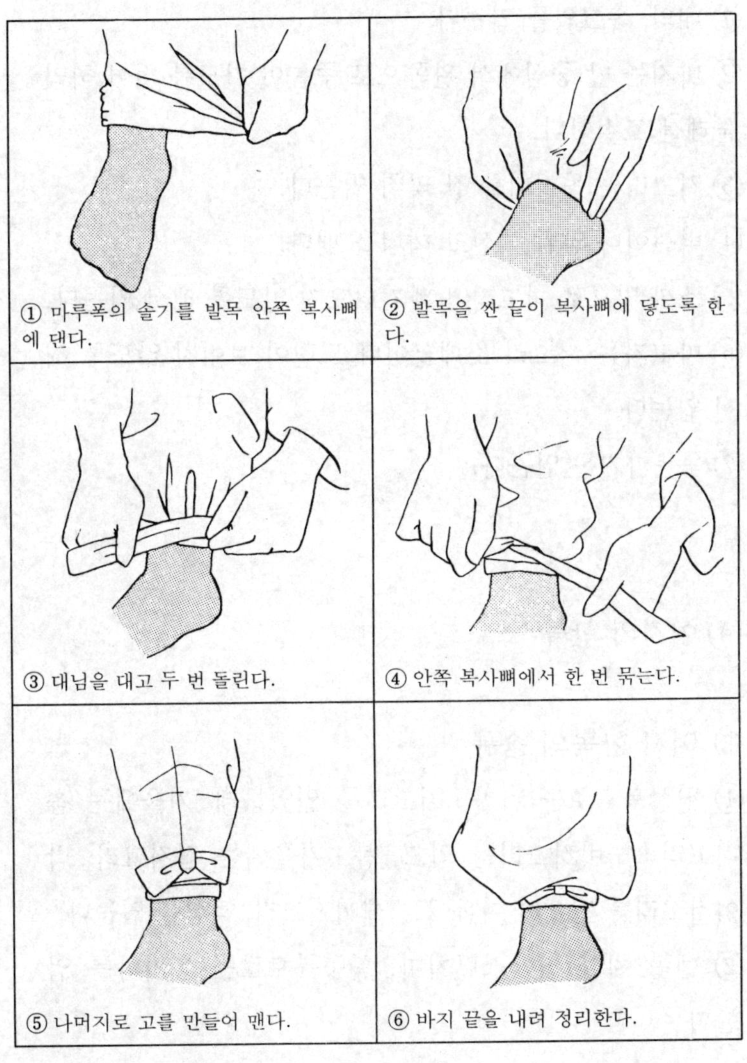

① 마루폭의 솔기를 발목 안쪽 복사뼈에 댄다.
② 발목을 싼 끝이 복사뼈에 닿도록 한다.
③ 대님을 대고 두 번 돌린다.
④ 안쪽 복사뼈에서 한 번 묶는다.
⑤ 나머지로 고를 만들어 맨다.
⑥ 바지 끝을 내려 정리한다.

2) 한복 입는 순서

① 내의, 속고의를 입는다.

② 바지는 앞 중심에서 왼쪽으로 주름이 가도록 접어 허리 둘레를 조절한다.

③ 저고리는 동정니를 잘 맞춰 입는다.

④ 버선이나 양말을 신고 대님을 맨다.

⑤ 조끼 밑으로 저고리가 빠져나오지 않도록 해서 입는다.

⑥ 마고자는 저고리 소매끝이나 도련이 보이지 않도록 해서 입는다.

⑦ 두루마기를 입는다.

(4) 여자의 한복

1) 여자 한복의 종류

① 평상복으로는 치마·저고리를 입었는데, 겨울에는 솜저고리·누비저고리를 입고, 봄·가을에는 겹저고리, 박이저고리를 입으며 여름에는 깨끼저고리, 적삼을 입는다.

② 예복 치마로는 스란치마, 활동복으로는 통치마를 입는다.

③ 여자 한복으로 갖춰야 할 옷은 저고리, 치마, 단속곳, 속적삼, 속속곳, 바지, 마고자, 두루마기, 버선 등이며, 여름에는 속적삼, 적삼, 치마, 속치마, 단속곳, 고쟁이, 버선 등이다.

④ 겉옷으로는 방한용인 배자나 마고자, 두루마기를 입는다.

2) 한복 입는 순서

① 짧은 속바지를 입은 다음 긴 속바지를 입는다.

② 속치마를 입는다.

③ 치마를 입는다. 뒤트기 치마일 경우 뒷중심에서 양쪽으로 7cm쯤 여며지게 입는다.

④ 속적삼을 입는다.

⑤ 버선은 수눅이 중앙을 마주 보도록 신는다.

⑥ 저고리는 동정니를 맞추어 안고름을 맨 다음 겉고름을 맨다.

⑦ 노리개를 단다.

⑧ 두루마기를 입을 때는 머플러를 단정하게 매는 것이 예의이다.

<고름 매는 법>

① 고름을 반듯하게 펴서 아래로 늘어 뜨린다.

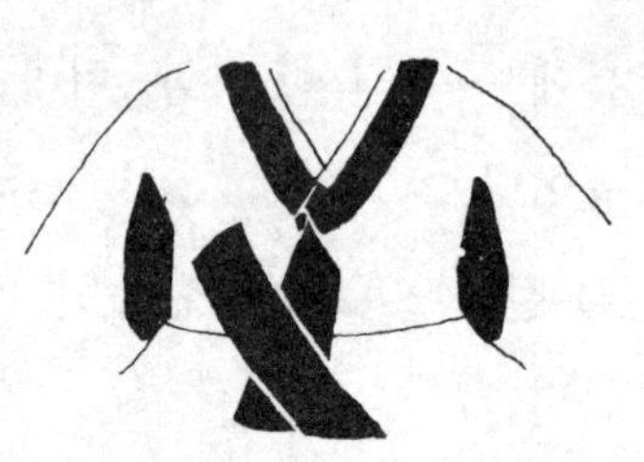

② 짧은 고름이 위로 가도록 X자 모양 으로 엇갈리게 놓는다.

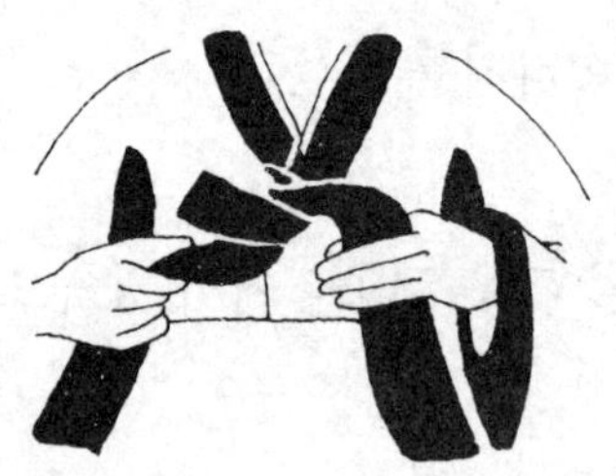

③ 짧은 고름을 안쪽으로 넣어 위로 올 리고, 긴 고름은 밑으로 넣어 뺀다.

④ 짧은 고름을 돌려 잡고 긴 고름으로 고를 잡을 준비를 한다.

⑤ 긴 고름을 짧은 고름 안쪽으로 집어 넣는다.

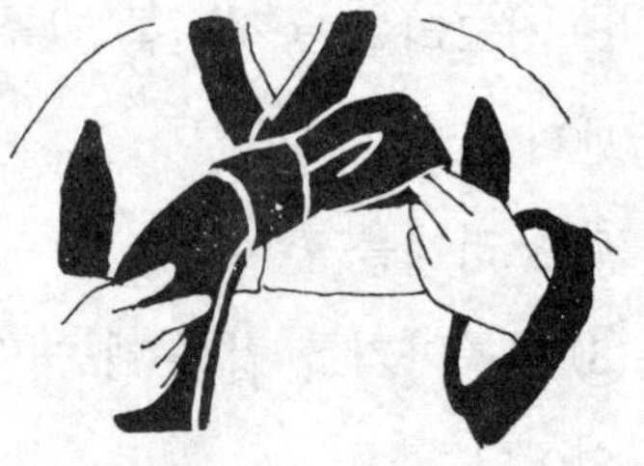

⑥ 짧은 고름을 긴 고름 밑으로 넣어 당 겨 가지런히 정돈한다.

(5) 한복의 손질

① 한복을 맞출 때는 감의 종류와 세탁방법을 미리 알아
두어, 한복을 입고 난 다음에는 깨끗이 세탁하여 보관하도
록 한다.

② 옷장에 넣을 때는 진동솔기 부분을 접어 모양을 바로잡
아 보관하도록 한다.

③ 동정은 미리 달아 놓으면 보관중에 구겨지기 쉬우므로
입기 바로 전에 단다.

④ 동정은 깨끗하고 반듯하게 손질되어 있어야 목선이 아
름다워 보인다.

⑤ 한복을 입을 때는 목걸이를 하지 말아야 한다. 동정의
아름다운 선을 목걸이가 해치기 때문이다.

⑥ 저고리를 다릴 때는 반듯하게 펴놓고 양쪽 섶을 젖힌
다음 도련이 겉으로 밀리지 않도록 안쪽에서 다린다.

⑦ 치마는 안자락을 먼저 다리고 겉자락을 다리는데 너무
눌러서 다리지 말고 위아래로 자주 움직이며 다려야 한다.

4. 공수법(拱手法)

(1) 공수란

어른을 모시거나 의식 행사에 참여할 때 두 손을 마주잡아 공손한 자세를 취하는 것을 말한다. 공수는 어른 앞에서는 공손함을 표하는 수단이면서 모든 절의 시작이기도 하다. 공수법은 남녀가 다르고 평상시와 흉사시가 다르기 때문에 그때그때 상황에 맞는 공수를 해야 한다.

(2) 공수하는 법

공수는 자기 혼자서 하는 것이므로 스스로가 상석이 된다.
따라서 자신의 왼쪽이 동쪽이 되고, 오른쪽이 서쪽이 된다.
동쪽은 해 뜨는 곳으로 양(陽) 즉 남자의 위치이고, 서쪽은
해 지는 곳으로 음(陰) 즉 여자의 위치가 된다.

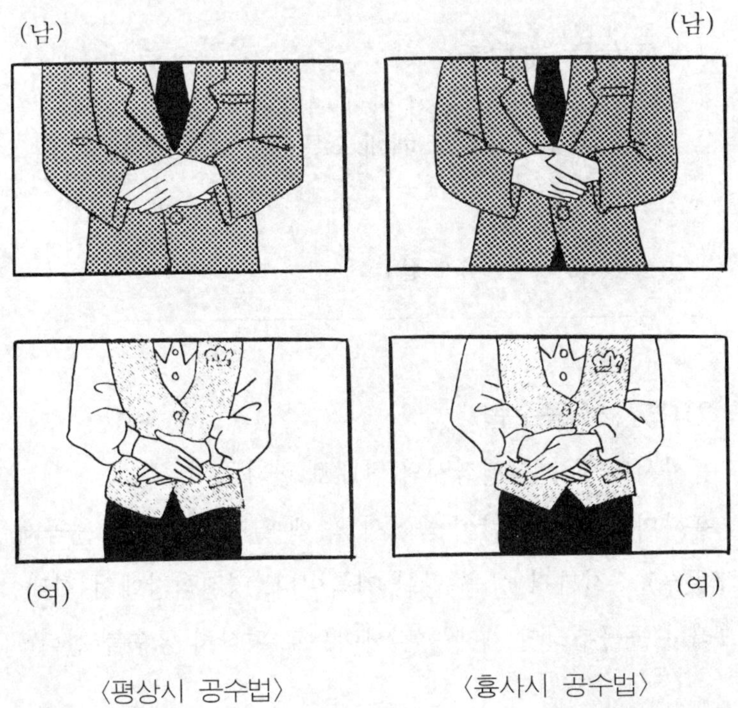

〈평상시 공수법〉　　　　　〈흉사시 공수법〉

1) 평상시 공수법

남자는 왼손이 위로 오른손이 아래로 가도록 공수하고, 여자는 오른손이 위로 왼손이 아래로 가도록 공수한다.

凡男拜 尙左手

좌(左)는 양(陽)으로 남자 역시 양이므로
무릇 남자는 배례할 때 왼손을 위로 하고

凡女拜 尙右手

우(右)는 음(陰)으로서 여자 역시 음이므로
무릇 여자는 배례할 때에 오른손을 위로 한다.

—예 기

＊ 상(尙)은 상(上)과 같음

2) 흉사시 공수법

흉사시의 공수는 평상시와 반대로 한다.

흉사의 공수는 사람이 죽어서 약 백 일만에 지내는 졸곡제(卒哭祭) 직전까지 상을 당한 가족이나, 영결식장에서 한다. 그러나 졸곡부터의 제례는 길사이므로 평상시 공수를 한다.

5. 전통 절

(1) 큰 절

답배하지 않아도 되는 높은 어른에게나 의식 행사시(직계 존속, 배우자의 직계 존속, 8촌 이내의 연장 존속) 한다.

1) 남자 큰절(계수배, 稽首拜)
① 공수한 상태로 절할 상대를 향해 선다.

② 허리를 굽히면서 공수한 손으로 바닥을 짚는다.

③ 왼쪽 무릎을 먼저 꿇은 후, 오른쪽 무릎을 굽혀 양 무릎을 가지런히 꿇는다.

④ 왼쪽 발이 앞(아래)이 되게 발등을 포개고 깊이 앉는다.

⑤ 양쪽 팔꿈치를 바닥에 붙인 상태에서 이마를 공수한 손등에 댄다.

⑥ 잠시 있다가 머리를 들며 팔꿈치를 바닥에서 뗀다.

⑦ 일어날 때는 오른쪽 무릎을 먼저 세운다.

⑧ 공수한 손을 오른쪽 무릎 위에 올려놓는다.

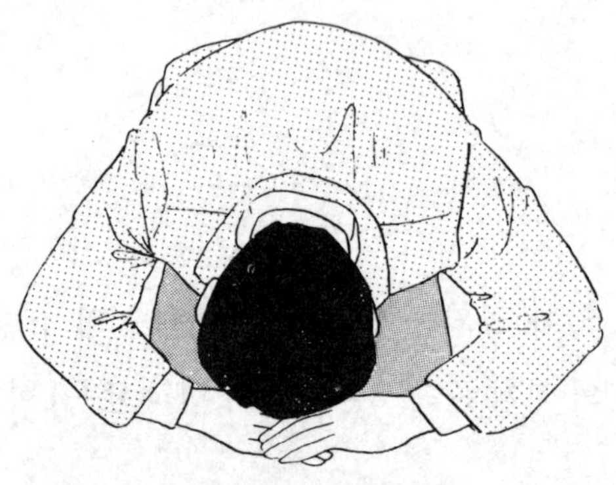

〈남자의 큰절〉

⑨ 일어서서 왼쪽 발을 오른쪽 발 옆에 가지런히 붙인 후
공수하고 바른 자세로 선다.

＊ 고두배(叩頭拜)

① 두손을 벌려 바닥을 짚으며 하는 절

② 신하가 임금께 절을 할 때 다섯 번 하였는데, 네 번 계속하
고 마지막 한 번은 고두배를 했었다.

③ 지금은 임금이 없으므로 고두배는 하지 말아야 한다.

---

2) 여자 큰절(숙배, 肅拜)

① 공수한 손을 어깨 높이에서 수평이 되도록 한다.

② 왼쪽 무릎을 먼저 꿇은 다음 양 무릎을 가지런히 꿇는
다.

③ 오른발이 앞(아래)이 되게 발등을 포개며 깊게 앉는다.

④ 손등을 이마에 붙인 채 윗몸을 45도 각도로 숙이며 절
한다.

⑤ 잠시 그대로 있다가 상체를 일으킨다.

⑥ 일어날 때 오른쪽 무릎을 먼저 세운다.

⑦ 이마에 공수한 손등을 댄 자세로 양발을 가지런하게 하
고 일어선다.

〈여자의 큰절〉

⑧ 공수한 손을 원위치로 내리며 바르게 선다.

(2) 평 절

답배 또는 평절로 맞절을 해야 하는 웃어른이나 같은 또래 사이에 이루어진다. 선생님, 연장자, 상급자, 배우자, 형님, 누님, 같은 또래, 친족이 아닌 15년 이내의 연하자나 정중히 맞절을 해야 하는 상대에게 한다.

1) 남자 평절(돈수배, 頓首拜)

큰절과 똑같으나 엎드렸을 때는 1초간 머무른 후 바로
일어선다.

2) 여자 평절(평배, 平拜)

① 양손을 양 옆으로 가지런히 내린다.

② 왼쪽 무릎을 먼저 꿇고, 오른쪽 무릎을 가지런히 꿇는
다.

③ 오른발이 앞(아래)이 되게 발등을 포개 깊게 앉는다.

〈여자의 평절〉

④ 손가락을 가지런히 붙여 손끝이 밖을 향하게 해서 상체를 굽힌다(45도).

⑤ 오른쪽 무릎을 먼저 세운 후 일어서면서 왼쪽 발을 오른쪽 발과 가지런히 모은다.

⑥ 공수하고 바른 자세를 한다.

(3) 반 절

웃어른이 아랫사람의 절을 받고 답배할 때 한다.

제자, 친구의 자녀나 자녀의 친구, 남녀 동생, 8촌 이내의 10년 이내 연장 비속, 친족이 아닌 16년 이상의 연하자 등 아랫사람에게 절에 대한 답례를 할 때 하는 절이다.

1) 남자 반절(공수배, 控首拜)

① 절하는 동작은 비슷하나 팔꿈치를 바닥에 대지 않고 공수한 손등에 이마를 대지 않으며, 깊이 앉지 않는다. 머리에서 엉덩이까지가 일직선이 되도록 하였다가 바로 일어선다.

② 절하는 사람과 받는 사람의 관계나 연령차가 많을 때는

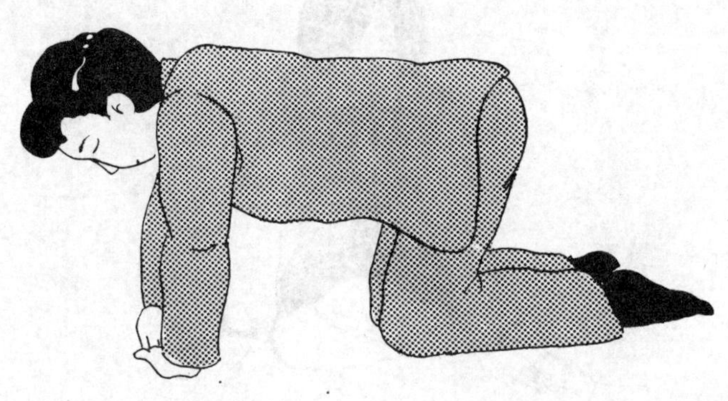

〈남자의 반절〉

반절 동작을 앉은 채로 간략하게 할 수도 있다.

2) 여자 반절(반배, 半拜)

① 평절을 약식으로 하면 반절이 된다.

② 절을 받는 사람에 따라 앉은 채로 두 손과 상체의 동작

만으로 한다.

③ 반절에는 한쪽 무릎만을 세우거나 두 발을 한옆으로 가

지런히 빼거나 양무릎을 꿇고 하는 동작이 있다.

〈여자의 반절〉

(4) 절의 횟수

① 평상시(길사시) 기본 횟수는 남자는 한 번(최소의 양수),
여자는 두 번(최소의 음수)
② 의식행사와 사자(死者)에게는 기본 횟수의 두 배(남자는
두 번, 여자는 네 번)
③ 절을 받는 어른이 절의 횟수를 줄이라고 하면 명한 대
로 한다.
④ 직계의 회갑이나 헌수(獻壽)에는 남자는 두 번, 여자는

네 번 한다.

⑤ 전통 혼례식에는 신랑은 한 번씩 2회, 신부는 두 번씩 2회 한다.

⑥ 신부가 현구고례(폐백)를 할 때는 한 차례에 네 번씩 한다.

6. 예절의 방위

(1) 예절의 동서남북(東西南北)

① 예절에서 방향이란 전후좌우(前後左右)가 아닌 동서남북을 의미한다.

② 예절의 동서남북은 예절를 행하는 장소에서 제일 윗자리(상석)가 북쪽이고, 상석의 앞이 남쪽이며, 왼쪽이 동쪽이고, 오른쪽이 서쪽이다.

③ 특정 자연인(사람)을 기준으로 말할 때는 '누구의 왼쪽' '누구의 오른쪽'이라고 말할 수 있다(주인의 왼쪽, 오른쪽).

④ 좌우나 전후라 말할 때는 웃어른(尊長), 즉 상석의 전후이며 좌우를 의미한다(左右則 尊長之左右).

(2) 북쪽을 기준으로 할 때

① 제의 : 신위를 모신 곳이 북쪽

② 혼인예식 : 주례가 있는 곳이 북쪽

③ 행사장 : 단상이 북쪽

④ 교실 : 선생님 계신 곳이 북쪽

⑤ 직장 : 최상급자가 있는 곳이 북쪽

⑥ 묘지 : 북쪽에서 남향한 것으로 간주

⑦ 모든 건물(특히 사당) : 어느 쪽을 향했든 북쪽에서 남향한 것으로 보아 동서남북을 정한다.

(3) 상석의 기준

① 동쪽과 서쪽 : 산 사람은 동쪽, 죽은 사람은 서쪽이 상석

② 북쪽과 남쪽 : 생사 모두 북쪽이 상석

③ 중앙과 주변 : 중앙이 상석

④ 높은 곳과 낮은 곳 : 높은 곳이 상석

⑤ 편한 곳과 불편한 곳 : 편한 곳이 상석

⑥ 안전한 곳과 위험한 곳 : 안전한 곳이 상석

⑦ 상석에 가까운 곳과 먼 곳 : 상석에 가까운 곳이 상석

⑧ 기타 : 의식의 목적에 가까운 기준에 따름

(4) 가정의례의 좌석 기준

① 구동고서(舅東姑西) : 현구고례할 때 시아버지가 동쪽, 시어머니는 서쪽

② 장부처동 부인처서(丈夫處東 婦人處西) : 수연례할 때 남자 어른이 동쪽, 여자 어른은 서쪽

③ 좌우즉 존장지좌우(左右則 尊長之左右) : 좌우를 말할 때는 웃어른(상석)의 좌우

④ 남동여서(男東女西) : 남자는 상좌의 동쪽, 여자는 상좌
의 서쪽

7. 생활 예절

(1) 바닥에 앉는 자세

① 웃어른이 앉으라는 말이 있은 후 어른의 정면에 앉지 말고 남자는 어른의 왼쪽 앞, 여자는 어른의 오른쪽 앞에 앉는 것이 원칙이다.

② 앉을 때는 먼저 왼 무릎을 꿇고, 다음에 오른 무릎을 꿇고 앉아 공수한 손을 무릎 위에 놓는다.

③ 앉을 때는 벽이나 가구에 등을 기대거나, 손으로 바닥을 짚고 비스듬히 앉지 않고, 다리를 뻗고 앉지 않는다.

④ 의복이 앉은 주위에 넓게 펼쳐지지 않도록 정리한다.

⑤ 자세를 바르게 하고 시선은 앉은 키의 2배 정도의 바닥에 둔다.

⑥ 어른보다 편한 자세를 취하거나, 어른보다 높은 곳에 위치하지 않는다.

⑦ 방석에 앉을 때는 발바닥으로 방석을 밟지 않도록 하면서 두 손으로 방석을 당겨 무릎 밑에 반듯하게 놓은 다음 방석 위에 앉는다.

- 방석의 중앙에 앉되 발끝이 방석의 뒤편 끝에 걸쳐지게 앉는다.

- 일어설 때는 무릎을 들면서 두 손으로 방석을 제자리에 밀어 놓는다.

⑧ 밖으로 나갈 때는 문은 조용히 열고 닫으며 발소리가 나지 않도록 하면서 방 안에 있는 사람에게 뒷모습을 보이지 않으며, 문턱(문지방)을 밟지 않는다.

⑨ 두 손에 물건을 들었을 때는 물건을 내려놓고 문을 열고 닫는다.

(2) 물건 다루기

① 물건은 두 손으로 다루는 것이 원칙이다.

② 물건의 위아래가 뒤집히거나 속과 겉이 바뀌지 않도록

③ 식기는 입에 닿는 부분을 손으로 잡지 않도록 한다.

④ 손잡이가 있는 것은 상대가 잡기 편하게 준다.

⑤ 신문, 책 등은 상대가 바르게 볼 수 있도록 건넨다.

⑥ 앉은 사람에게는 앉아서 건네고, 서 있는 사람에게는 서서 건넨다.

〈물건 건네는 바른 자세〉

8. 호칭의 바른 사용

① 부모
* 아버지, 어머니 : 자기의 부모를 직접 부르거나 지칭할 때 또는 남에게 말할 때
* 아버님, 어머님 : 남편의 부모를 직접 부르거나 지칭할 때 또는 남에게 말할 때
* 가친, 자친 : 자기의 부모를 남에게 한문식으로 말할 때

• 부친, 모친 : 남에게 다른 사람의 부모를 말할 때

• 선친, 선비 : 남에게 자기의 죽은 부모를 말할 때

② 아들·딸

• 아들, 자식 : 남에게 자기의 아들을 말할 때

• 아드님, 자제 : 남에게 그의 아들을 말할 때

• 딸, 여식 : 자기의 딸을 남에게 말할 때

• 따님, 영애 : 남에게 그의 딸을 말할 때

③ 며느리

• 며느님, 자부님 : 남에게 그의 며느리를 말할 때

④ 사위

• 사위님, 서랑 : 남에게 그의 사위를 말할 때

⑤ 시댁 가족

• 아버님, 어머님 : 남편의 부모를 부르거나 말할 때

• 아주버님 : 남편의 형을 부르거나 가족간에 말할 때

• 시숙 : 남편의 형을 남에게 말할 때

• 형님 : 남편의 형수나 누님을 부를 때

• 도련님 : 혼인하지 않은 시동생을 부를 때

• 서방님 : 장가간 시동생을 부를 때

• 시동생 : 남에게 자기 남편의 동생을 말할 때

• 동서 : 시동생의 아내를 부를 때

• 작은아씨 : 시집가지 않은 손아래 시누이를 부르거나
가족간에 말할 때
• ○서방댁 : 시집간 손아래 시누이를 부르거나 가족간
에 말할 때
• 시누이 : 남편의 자매를 남에게 말할 때
• ○서방님 : 시누이의 남편을 부를 때
⑥ 처가 가족
• 장인어른, 장모님 : 아내의 부모를 부를 때
• 빙장, 빙모 : 아내의 부모를 남에게 말할 때
• 처남댁, ○○어머님 : 처남댁을 부를 때
• 처형, ○○어머님 : 아내의 손위 누이를 부를 때
• 처제, ○○어머님 : 아내의 손아래 누이를 부를 때
• 처남 : 아내의 남자 형제를 부를 때
⑦ 형제 · 자매의 배우자
• 형수님 : 시동생이 형의 아내를 부를 때
• 형수씨 : 남에게 자기의 형수를 말할 때
• 제수씨 : 동생의 아내를 직접 부를 때
• 언니 : 시누이가 오라비의 아내를 부를 때
• 매부 : 누님의 남편을 부르거나 자매의 남편을 남에
게 말할 때

• 자형, 매형 : 누님의 남편을 부르거나 남에게 말할 때

• 매제 : 누이동생의 남편을 남에게 말할 때

• 형부 : 여동생이 언니의 남편을 부르거나 말할 때

• ○서방 : 언니가 여동생의 남편을 부르거나 말할 때

⑧ 사돈간

• 사장 어른 : 윗세대 사돈 남녀에 대한 칭호(며느리의 친정 조부모, 딸의 시조부모, 형수나 제수의 친정 부모, 자매의 시부모 등)

• 사돈 : 같은 세대의 동성간 사돈으로서 연령이 10년 이내로 연상일 때(여자의 친정과 시댁의 아버지끼리나 어머니끼리 서로를 말할 때)

• 사부인 : 밭사돈이 안사돈을 부를 때(또는 안사돈끼리 부를 때)

• 사돈 어른 : 같은 세대의 이성간 사돈이나 동성이라도 자기보다 10년 이상 연상일 때(여자의 친정 어머니가 시아버지를, 친정 아버지가 시어머니를, 시아버지가 친정 어머니를, 시어머니가 친정 아버지를 말할 때)

• 사돈 양반 : 아랫세대의 기혼 이성 사돈을 말할 때(시어머니가 며느리의 오라비, 시아버지가 며느리의 올케나 형, 친정 아버지가 딸의 시누이나 동서, 친정 어머니가 딸

의 시숙이나 시동생을 말할 때)

　• 사돈 도령, 사돈 총각 : 미혼 남자인 사돈을 말할 때

　• 사돈 처녀, 사돈 아가씨 : 미혼 여성인 사돈을 말할 때

⑨ 친구의 남편

　• 허물 없는 사이에는 'ㅇ선생님'

　• 오랫동안 가깝게 지내는 친구의 남편은 'ㅇㅇㅇ씨'

⑩ 남 앞에서 아내를 부를 때

　• 집사람, 안사람

⑪ 친구의 부인을 부를 때

　• 허물없이 지내는 사이라면 'ㅇㅇ어머니'

　• 정중하게 예의를 갖추어야 할 자리라면 '부인'

9. 현대의 가정의례

(1) 가정의례

① 성년례 : 사회적으로 자부심과 책임감을 일깨워 주는
의식으로 만 20세가 되는 해에 행해지는 의식
② 혼인례 : 남자와 여자가 짝을 이뤄 부부가 되는 의식
③ 수연례 : 어른의 생신을 축하해 드리는 의식
④ 상장례 : 사람의 주검을 애도하며, 가까운 친척들이 상

복을 입고 근신하는 의식

⑤ 제의례 : 죽은 사람을 추모해 기리는 의식

<연령의 다른 표현>

- 核提 : 2~3세의 어린이
- 志學 : 15세
- 弱冠 : 20세
- 而立(加冠) : 30세
- 不惑 : 40세
- 知命 : 50세
- 耳順(六旬) : 60세
- 回甲(還甲) : 61세
- 進甲 : 62세
- 美壽 : 66세
- 古稀(稀壽, 七旬) : 70세
- 望八 : 71세
- 喜壽 : 77세
- 八旬(傘壽) : 80세
- 望九 : 81세
- 米壽 : 88세
- 卒壽(九旬) : 90세
- 望百 : 91세
- 白壽 : 99세
- 鶴壽 : 100세

(2) 현대의 성년례

1) 고례의 관례와 계례

① 관례 : 남자는 땋아 내렸던 머리를 올려 상투를 틀고 관을 씌운다는 뜻(15세부터 20세 사이 정월 중)

② 계례 : 여자는 머리를 올려 쪽을 찌고 비녀를 꽂는다는 뜻(15세 되는 해의 정월 중)

③ 관례와 계례로 달라지는 것
- 말씨 : 낮춤말씨(해라)→보통말씨(하게)
- 이름 : 이름 부름→당호로 부름
- 절 : 어른이 앉아서 절을 받음→답배를 함

2) 성년례의 의미와 시기

① 어른이 되는 의식

② 법률적·사회적으로 책임 능력이 없는 아이가 일정한 나이가 되면, 성년 의식을 행해 법률적·사회적으로 정당한 권리에 참여하고 신성한 의무를 지는 어른으로서의 책무를 일깨우는 것

③ 만 20세가 되는 생일이나 그 해의 성년의 날(5월 셋째 월요일)에 행함

3) 성년례의 절차

① 거례선언

② 큰 손님 맞이(주례 입장)

③ 성년자 입장

④ 일동 경례

⑤ 성년자 경례

⑥ 문명

⑦ 다짐

⑧ 성년 선서와 서명

⑨ 성년 선언과 서명

⑩ 술의 의식

⑪ 큰 손님 수훈(주례사)

⑫ 일동 경례

⑬ 필례 선언

(3) 혼인 예절

1) 우리 나라의 전통 혼인례

① 혼담(婚談) : 남자측에서 여자측에 청혼하고, 여자측이

이를 허락하는 절차

② 납채(納采) : 남자측에서 여자측에 혼인을 정했음을 알리는 것으로 신랑될 사람의 생년월일시를 적은 사주(四柱)를 보내는 절차

③ 납기(納期) : 여자측에서 남자측에 혼인날을 택일(擇日)해 보내는 절차

④ 납폐(納幣) : 남자측에서 여자측에 예물을 보내고 받는 절차

⑤ 대례(大禮) : 신랑이 여자의 집에 가서 부부가 되는 의식을 행하는 절차

⑥ 우귀(于歸) : 신부가 신랑을 따라 시댁으로 들어가는 절차

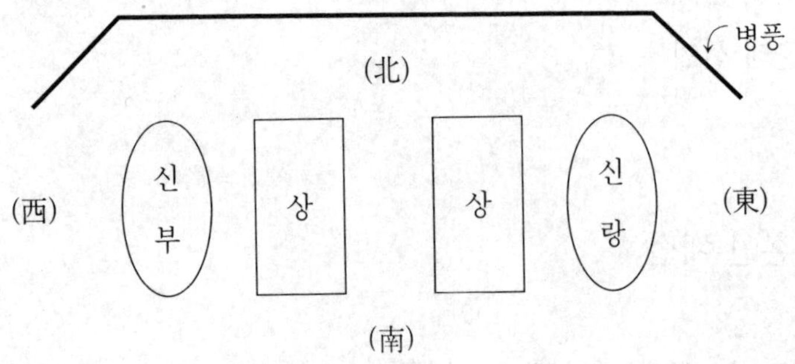

〈전통 혼인례 신랑 신부의 위치〉

※주육례(周六禮, 약 3천 년 전 주나라 때의 혼인 절차)

① 납채(納采) : 남자측에서 여자측에 아내 삼기로 했다는 뜻을 전하는 것

② 문명(問名) : 남자측에서 여자측 신부될 규수의 어머니가 누구인가를 묻는 것

③ 납길(納吉) : 남자측에서 여자측에 혼인하면 좋을 것이라는 뜻을 전하는 것

④ 납징(納徵) : 남자측에서 여자측에 혼인하기로 결정한 징표로 물건을 보내는 일

⑤ 청기(請期) : 남자측에서 여자측에 혼인 날짜를 정해 달라고 청하는 것

⑥ 친영(親迎) : 남자측에서 여자측에 가서 신부될 규수를 데려다가 예식을 올리는 절차

• 주자사례(朱子四禮)

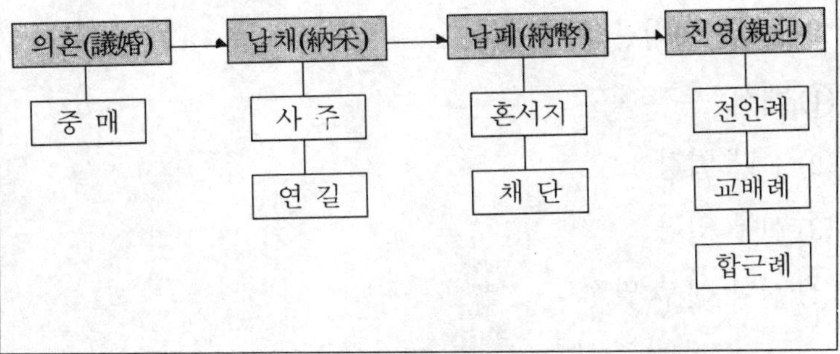

2) 현대 혼인 예식

① 혼인 예식에서는 신랑이 동쪽, 신부가 서쪽에 선다.

② 화촉은 붉은 초에는 신랑 어머니, 파란초에는 신부 어머니가 점화한다.

③ 전통 혼인 및 신식 혼인의 경우 주례가 있는 곳이 상석(북쪽)이므로 주례가 하객을 남향을 향해 보는 것을 기준으로 하여 왼쪽(동쪽)이 신랑, 오른쪽(서쪽)은 신부의 위치

④ 신랑의 부모는 신랑이 선 동쪽에, 신부의 부모는 신부가 선 서쪽에 앉아야 한다.

⑤ 신부가 입장할 때 신부의 아버지가 신부의 우측(주례의 좌측 앞, 동쪽)에서 신부의 손을 잡고 인도

⑥ 사진을 찍을 때는 신랑이 동쪽, 신부는 서쪽

⑦ 폐백을 올릴 때 시아버지가 동쪽이고, 시어머니가 서쪽이다.

가. 일반 예식장의 혼인식

① 개식

② 신랑 입장

③ 신부 입장

④ 신랑 신부 맞절

혼인 서약

신랑 ○○○군과 신부 ○○○양은 어떠한 경우라도
늘 사랑하고 존중하며 어른을 공경하고 진실한 남편
과 아내로서의 도리를 다할 것을 맹세합니까?

성혼 선언문

이제 신랑 ○○○군과 신부 ○○○양은 그 일가 친척과
친지를 모신 자리에서 일생 동안 고락을 함께 할 부부
가 되기를 굳게 맹세하였습니다. 이에 주례는 이 혼인
이 원만하게 이루어진 것을 여러분 앞에 엄숙하게 선언
합니다.

년　월　일

주 례　○　○　○

⑤ 신랑 신부 서약

⑥ 성혼 선언문 낭독

⑦ 주례사

⑧ 양가 대표 인사

⑨ 신랑 신부 내빈께 인사

⑩ 신랑 신부 퇴장

⑪ 폐식

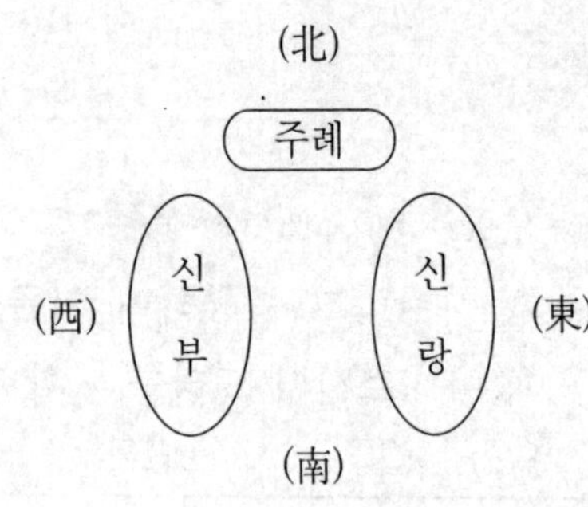

나. 천주교식 혼인식

① 입장식

② 말씀의 전례

③ 혼례식

④ 신자들의 기도

⑤ 성찬의 전례

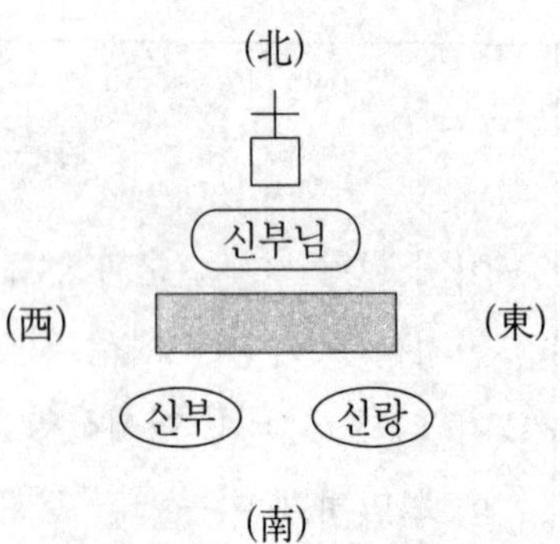

다. 기독교식 혼인식

① 주례 등단

② 신랑 신부 입장

③ 예배 의식

④ 권면의 말씀

⑤ 서약

⑥ 성혼 기도

⑦ 공포

⑧ 축가

⑨ 인사와 광고

⑩ 찬송가

⑪ 축복 기도

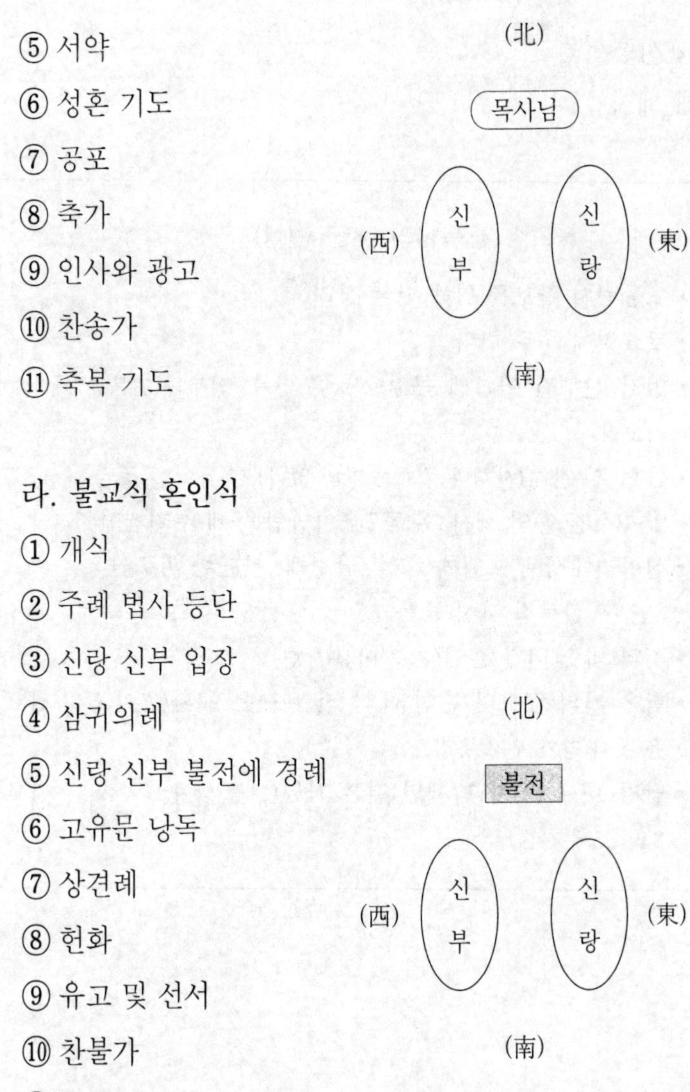

라. 불교식 혼인식

① 개식

② 주례 법사 등단

③ 신랑 신부 입장

④ 삼귀의례

⑤ 신랑 신부 불전에 경례

⑥ 고유문 낭독

⑦ 상견례

⑧ 헌화

⑨ 유고 및 선서

⑩ 찬불가

⑪ 축전 낭독

⑫ 사홍서원
⑬ 폐식

<북한의 혼인 예식>

• 노동력의 확보를 위해 만혼 장려
• 토요일에 주로 한다.
• 먼저 신부집 어른께 큰절(신랑은 양복, 신부는 연분홍 치마
  저고리)
• 큰절 후 잔치(사회나 주례는 거의 없다)
• 2~3시간 혼인 행사 후 공원 기념탑 등에서 기념촬영
• 신랑집에서 부모님께 큰절, 상견례, 간단한 피로연
• 3일 후 신부집 다시 들름
• 지역 내 남녀간 혼인(거주 이전 제한)
• 함은 거의 없으나 혼인 예식 전 예단은 교환(혼인 당일 입
  을 옷과 양가 부모 옷감)
• 남자 18세, 여자 17세면 결혼 가능(보통 남자 27~28, 여자
  24~25세 결혼)

3) 사주(四柱) 보내는 예절

① 남자의 생년월일시를 네 기둥이라는 뜻으로 사주라 한다. 옛날에는 네 기둥을 간지(干支)로 두 자씩 적었기 때문에 여덟 자가 되어 사주팔자라고 한다.

② 사주를 5칸으로 접어 봉투에 넣고 봉하지 않는다.

③ 사주 봉투는 청홍(靑紅) 겹보로 싸며, 홍색이 밖으로 나오게 싸고, 중간 부분을 청홍 색실로 나비 매듭해 묶는다.

〈전통 사주 보내는 법〉　　　　〈현대식 사주 보내는 법〉

4) 폐백(幣帛)

새며느리가 시부모를 처음으로 뵙는 현구고례(見舅姑禮)
때 올리는 예물

<현구고례의 절차>

① 시아버지와 시어머니는 정한 자리에
② 신랑은 두 번, 신부는 네 번 북쪽(시부모)을 향해 절
③ 신부는 시아버지에게 네 번 절
④ 시아버지의 상 위에 폐백을 올림
⑤ 신부는 시아버지에게 다시 네 번 절
⑥ 시아버지는 폐백을 어루만진다.
⑦ 신부는 시어머니에게 네 번 절
⑧ 시어머니에게 상 위에 폐백을 올림
⑨ 신부는 시어머니에게 다시 네 번 절
⑩ 신랑은 두 번, 신부는 네 번 북쪽(시부모)을 향해 절

※시아버지에게 올릴 폐백에는 대추와 밤 준비. 대추는 붉은 색으로 해
뜨는 동쪽을 의미. 밤은 서쪽 나무(栗)를 뜻하며, 서쪽은 어둠, 즉 두
려움을 의미해서 "아침 일찍부터 두려운 마음으로 열심히 일하며 공경
해 모시겠습니다."는 맹세를 나타낸다.
※시어머니에게는 원래 육포(肉脯)를 올렸는데, 육포는 결이 같으므로
"한결같이 정성을 다해 모시겠습니다."라는 맹세를 의미한다.

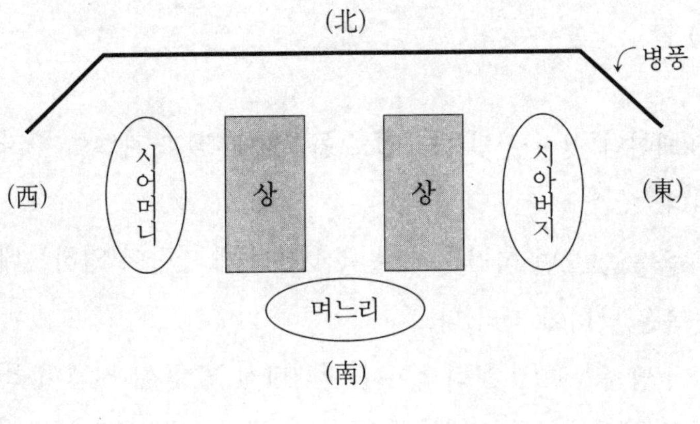

〈폐 백〉

〈혼인 기념일 명칭〉

- 1주년 : 지혼식(紙婚式)
- 2주년 : 고혼식(藁婚式)
- 3주년 : 과혼식(菓婚式)
- 4주년 : 초혼식(草婚式)
- 5주년 : 목혼식(木婚式)
- 7주년 : 화혼식(花婚式)
- 10주년 : 석혼식(錫婚式)
- 15주년 : 동혼식(銅婚式)
- 20주년 : 도자기혼식(陶磁器婚式)
- 25주년 : 은혼식(銀婚式)
- 30주년 : 진주혼식(眞珠婚式)
- 35주년 : 산호혼식(珊瑚婚式)
- 40주년 : 녹옥혼식(綠玉婚式)
- 45주년 : 홍옥혼식(紅玉婚式)
- 50주년 : 금혼식(金婚式)
- 60주년 : 회혼식(回婚式), 금강석혼식(金剛石婚式)

(4) 돌

① 태어나 첫번째 맞는 생일로 돌상에는 떡과 과일이 주가
된다.
② 돌을 맞으면 여러 가지 옷을 화려하게 만들어 입히는데
돌복은 남녀에 따라 다르다.

　• 남자 아기 : 보라색이나 회색바지, 분홍색 저고리 또
는 색동 저고리, 색동 두루마기, 금 · 은박을 찍은 남색
조끼, 색동 마고자, 금 · 은박 전복과 홍사대, 복건, 타래
버선과 염낭을 한다.

　• 여자 아기 : 색동저고리, 빨간색 치마, 금 · 은박을 찍
은 조바위, 타래버선, 염낭을 한다.
③ 남자, 여자 아기 모두 돌띠를 매주는데, 돌띠는 장수를
의미하므로 길게 만들어 한 바퀴 돌려 사용한다.
④ 아기를 상 앞에 앉혀 무엇을 먼저 집느냐에 따라 아이
의 장래에 대한 기대를 가지며 축복한다.
⑤ 약간의 음식을 준비해 근친, 친척, 이웃 친지를 초청해
아기의 잘 자람을 축복하며 즐기는 잔치

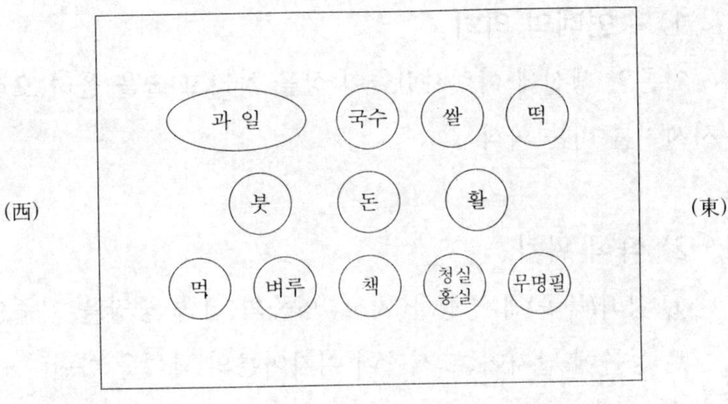

〈돌상 차리는 법〉

- 쌀 : 부유하게 되기를 원하는 뜻
  - 쌀로 만든 음식인 무지개 떡편 · 송편 · 경단 등은 같은 의미를 가지고 있다.
- 국수 : 장수하기를 바라는 뜻
- 대추 : 자손이 번창하기를 바라는 뜻
  - 대추 이외의 다른 과일도 같은 뜻을 가진다.
- 책 : 글을 잘하여 학문에 통달하기를 바라는 뜻
- 돈 : 부유하게 되기를 원하는 뜻
- 활 : 한 나라를 위하여 무사가 되기를 바라는 뜻
  - 여자는 활을 대신하여 자를 놓는다.
- 붓 · 먹 · 벼루 : 문필에 유명하기를 바라는 뜻
- 청실 · 홍실 : 무병 장수를 바라는 뜻
  - 청실 · 홍실 대신 무명실도 씀

(5) 수연례

1) 수연례의 의의
어른의 생신에 아랫사람들이 상을 차리고 술을 올려 오래
사시기를 비는 의식

2) 좌석 위치
① 상좌(북쪽)에 병풍을 치고, 병풍의 남쪽 중앙을 기준으
로 동쪽에 남자어른, 서쪽에 여자어른의 좌석을 마련
② 어른 앞 남쪽에 큰상을 차리고, 큰상의 중앙에 술상
③ 술상의 동쪽에 어린 남자, 서쪽에 어린 여자가 선다.
④ 술상의 남쪽에 절하는 자리를 깔고, 자리의 동쪽에 남
자 자손, 서쪽에 여자 자손이 위치
⑤ 큰상의 서쪽에 집례(사회)가 자리
⑥ 자손들의 남쪽에 동쪽은 남자 손님, 서쪽은 여자 손님
의 상을 차린다.
⑦ 상 위에 올리는 음식을 높이 쌓아 올리는 것은 자손들
의 효심을 상징한다는 의미

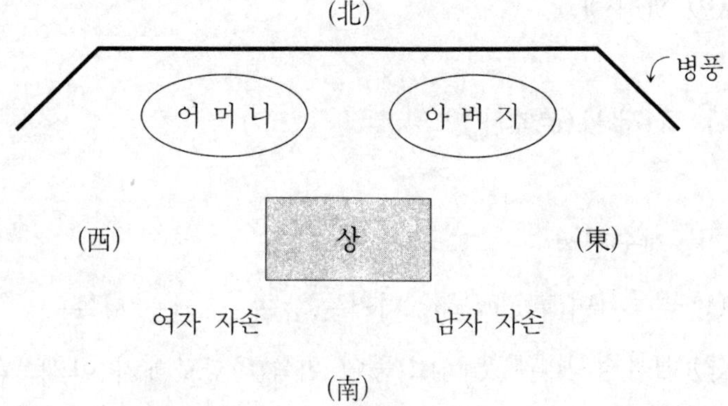

〈수연례의 좌석 위치〉

〈수연례의 상차림〉

(6) 제의례

1) 기제사(忌祭祀)

가. 제수진설

① 동두서미(東頭西尾) : 머리는 동쪽, 꼬리는 서쪽

② 배복방향(背腹方向) : 등이 위쪽(바깥), 배가 아래쪽(안)
으로

③ 홍동백서(紅東白西) : 붉은색 과일 동쪽, 흰색은 서쪽

④ 동조서율(東棗西栗) : 대추는 동쪽, 밤은 서쪽

⑤ 반서갱동(飯西羹東) : 밥은 서쪽, 국은 동쪽

⑥ 시접거중(匙楪居中) : 수저를 담은 그릇은 신위 앞 중앙

⑦ 어동육서(魚東肉西) : 생선은 동쪽, 고기는 서쪽

⑧ 잔서초동(盞西醋東) : 술잔은 서쪽에, 초접은 동쪽

⑨ 면서병동(麵西餠東) : 국수는 서쪽, 떡은 동쪽

⑩ 적접거중(炙楪居中) : 적(구이)은 중앙

⑪ 서포동혜·해(西脯東醯·醢) : 포는 서쪽, 식혜·생선젓
은 동쪽

⑫ 숙서생동(熟西生東) : 익은 나물은 서쪽, 생김치는 동쪽

⑬ 천산양수 지산음수(天産陽數 地産陰數) : 하늘에서 나는

것은 홀수, 땅에서 나는 것은 짝수

나. 제사 지내는 순서

① 제수(祭羞) : 고인의 지방 또는 사진을 모시고, 메·술
잔·국·김치·어류·육류·과일 등을 젯상에 진설한다.

② 강신(降神) : 신위께서 강림하시라고 알리는 절차로, 제
주가 분향하고 재배한 다음 집사의 도움으로 채운 술잔을
세 번으로 나누어 모사기에 붓는다. 집사가 빈 잔을 제자
리에 놓으면, 제주는 재배하고 물러선다.

③ 참신(參神) : 신위께 참배하는 절차로, 참례자 모두가
재배한다. 단, 주부는 사배한다.

④ 초헌(初獻) : 제주가 첫번째로 술을 올리는 절차이다.
제주는 분향 재배하고 집사의 도움으로 술잔을 고위(考位)
부터 올린다. 육적이 들어오면 상에 올리고 정저하고 메
그릇 뚜껑을 연다.

⑤ 독축(讀祝) : 제주 이하 참례자들이 꿇어앉고 축관이 축
을 읽는다. 독축이 끝나면 제주가 재배한 다음 올렸던 술
잔을 내려 퇴주 그릇에 비운다.

⑥ 아헌(亞獻) : 두 번째 잔을 올리는 것으로 주부가 한다.
절차는 초헌 때와 같으나 육적 대신 어적을 올린다. 정저

〈제사상 진설도〉

ㄱ. 단위(한 분을 모실 때)

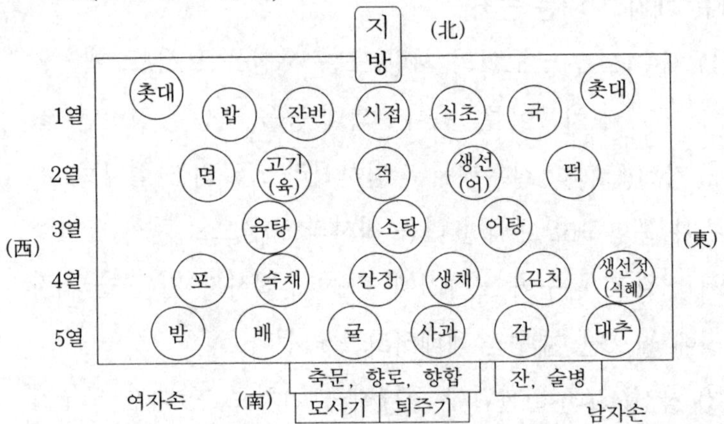

ㄴ. 양위(두 분을 모실 때)

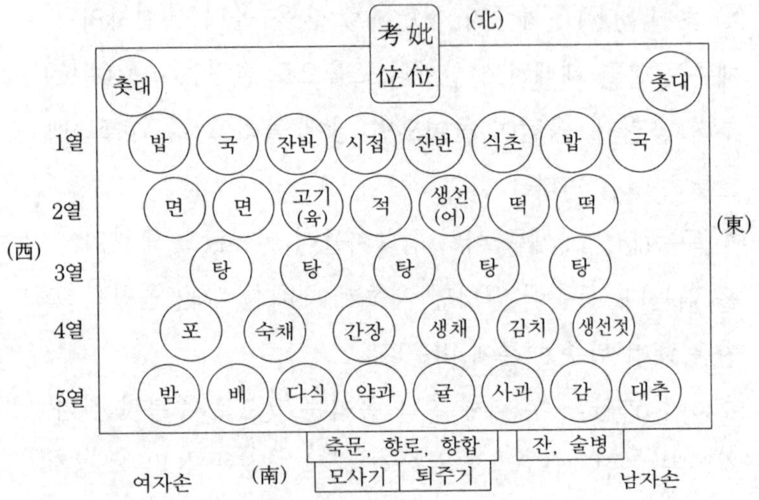

한 후 사배하고, 술잔을 내려 비운다(여자 사배).

⑦ 종헌(終獻) : 세 번째 잔을 올리는 절차로서 아헌자 다음 가는 근친자가 술과 소적(또는 계적)을 올리고 재배한다. 이 때 술잔을 7부쯤만 채워 올리며 내리지 않는다.

⑧ 첨작(添酌) : 제주가 다른 잔에 따른 술을 집사의 도움으로 종헌 때 덜 채운 잔에 세 번으로 나누어 첨작한다. 그런 다음 수저를 메에 꽂고 젓가락을 고기나 생선에 올려 놓는다. 제주가 재배한다.

⑨ 합문(闔門) : 모두 방에서 나와 문을 닫는다(7~8분).

⑩ 계문(啓門) : 모두 들어가 제자리에 선다

⑪ 헌다(獻茶) : 갱(국)을 내려 놓고 숭늉을 올린다. 수저를 거두고 메 그릇 등 모든 뚜껑을 덮는다.

⑫ 사신(辭神) : 신을 전송하는 절차로, 참례자 일동이 재배하며 여자는 사배한다.

⑬ 음복(飮福) : 참례자들이 제사 음식을 나누어 먹는다.

＊제사 절차는 가가례(家家禮)라 하여 약간의 차이가 있다.

2) 기제 축문 쓰는 법

① 축문의 문구 중 維(유) 顯(현) 饗(향)은 한글자 위로 올려 쓴다.

② 간지(干支) : 제사 든 당년의 태세(太歲) 즉 계묘년이면 癸卯(계묘)라 쓴다.

③ 모월 : 제사 든 달이 오월이면 '五月'이라 쓰고 유월이면 '六月'이라 쓴다.

④ 간지삭(干支朔) : 제사 든 달의 초하루 일진(日辰)을 그대로 쓴다. 즉 제사 당일의 일진이 갑신이면 '甲申朔'라 쓴다.

⑤ 양위분 모두 돌아가셨을 경우 축문 중 휘일부림이라는 문구 앞에 할아버지 제사이면 '현조고'를 쓰고 할머니 제사일이면 '현조비'라 쓴다. 양위분 중 한 분만 돌아가셨을 경우 그대로 휘일부림을 쓴다.

⑥ 증조부모는 '현증조고' '현증조비'라 쓴다. 그리고 '감소고우' 앞에는 고조일 때 '효현손', 증조일 때 '효증손'이라 쓴다.

⑦ 부모의 기제 축문도 조부모의 경우와 같으며, 다만 '현조고……'를 '현고……'로, '현조비……'를 '현비……'로 바꾸며, '불승영모' 대신 '호천망극'을 쓴다.

<조부모 기제 축문>

維歲次干支 某月干支朔 某日干支

孝孫某 敢昭告于

顯祖考 某官府君 歲序遷易 諱日復臨 追遠感時

不勝永慕 謹以 淸酌庶羞 恭伸奠獻 尙

饗

<부모 기제 축문>

維歲次干支 某月干支朔 某日干支

孝子某 敢昭告于

顯考 某官府君 歲序遷易 諱日復臨 追遠感時

昊天罔極 謹以 淸酌庶羞 恭伸奠獻 尙

饗

〈 12간지 시간표와 현대의 시간표〉

일지(一支)는 현대의 시간으로 2시간씩을 의미한다. 일지
는 초(初)와 정(正)으로 나누어 각 1시간이고, 지(支)에 따
른 일각(一刻)은 15분 간씩이며, 1분은 현대와 같이 60초
이다.

띠	쥐	소	범	토끼	용	뱀	말	양	원숭이	닭	개	돼지
地支 시간	子	丑	寅	卯	辰	巳	午	未	申	酉	戌	亥
현대 시간	23~1	1~3	3~5	5~7	7~9	9~11	11~13	13~15	15~17	17~19	19~21	21~23

3) 지방(紙榜)

① 지방의 크기는 길이 24cm, 폭 6cm로 창호지(한지)를
사용

② 글씨는 가늘고 작게

③ 고위(考位)를 서쪽(보는 쪽에서 왼편)에 쓰고 비위(妣位)
는 동쪽(보는 쪽에서 오른쪽)에 쓴다. 한 분만 돌아가셨을 경
우에는 돌아가신 분만 중앙에 쓴다.

④ 생전에 벼슬을 했을 경우 學生(학생) 대신 벼슬(직급, 직
명)을 쓴다.

顯妣孺人咸平李氏神位　顯考學生府君神位

부모의 지방

顯祖妣孺人咸平李氏神位　顯祖考學生府君神位

조부모의 지방

顯曾祖妣孺人全州李氏神位　顯曾祖考學生府君神位

증조부모의 지방

顯高祖妣孺人安東金氏神位　顯高祖考學生府君神位

고조부모의 지방

〈전통적인 지방의 예〉

4) 차례

가. 차례상 차리기

① 민속 명절에 올리는 제사

② 신위는 돌아가신 조상의 표상을 정한 것

- 위패(位牌)는 신위를 나무에 새긴 것이며, 지방은 신위를 종이에 쓴 것
- 차례는 4대 조상인 고조, 증조, 조부모, 부모의 4대의 지방을 준비
- 지방은 위는 둥글고 아래는 반듯하게 자른다(가로 6cm, 세로 24cm).

③ 추석 차례상은 '농가월령가'에서 나오는 오려송편(햅쌀로 빚은 송편), 햅쌀로 빚은 술, 토란탕 등을 올린다.

- 과일 : 대추(자손 번창), 밤(조상과 한 뿌리), 감(자식 교육), 배, 사과 등
- 복숭아는 상에 올리지 않는다.
- '치'로 끝나는 꽁치, 갈치, 삼치 등의 생선도 올리지 않고(천하기 때문) 고춧가루나 마늘을 양념으로 쓰지 않는다.

나. 차례상 진설도

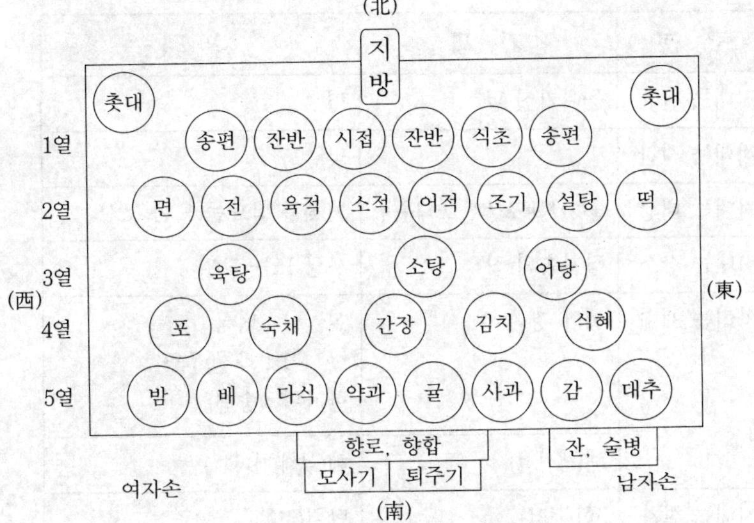

＊설날은 송편 대신 떡국
＊각 지방마다 가문마다 약간의 차이가 있다.

5) 종교식 제례

가. 천주교식 조상 제사 예식

① 호경과 성가

② 분향과 배례

③ 시작 기도

④ 시편 송도

<기제와 차례의 차이점>

구 분	기 제	차 례
지내는 날	돌아가신 날	명절
지내는 시간	밤	낮
지내는 대상	돌아가신 조상과 그 배우자	기제를 받드는 모든 조상
지내는 장소	장자손의 집	사당 또는 묘지
차리는 제수	메와 갱	설 날 : 떡국 한 식 : 화전, 쑥떡 한가위 : 송편
	해(생선젓)	혜(식혜 건더기)
지내는 절차	3헌(三獻)	단헌(單獻)
	적을 술 올릴 때마다 올리고 내림	진찬 때 3적 동시 차림
	첨작	—
	합문, 계문	—
	숙수(숭늉)	—
	축문	—
기 타	하루 두 분(祖, 父) 기제 따로 지냄	한 번의 절차

⑤ 성경 봉독

⑥ 주례자의 말씀

⑦ 신앙 고백

⑧ 신자들의 기도

⑨ 분향과 배례

⑩ 독축

⑪ 묵념

⑫ 평화의 인사

⑬ 주의 기도와 영광송

• 작별 배례

• 마침 성가

• 음복

나. 기독교식 추도식

① 개식사(사도신경)

② 찬송

③ 기도

④ 성경 봉독

⑤ 기념 추도

⑥ 기도

⑦ 찬송
⑧ 주기도문

다. 불교식 제례
① 개식
② 삼귀
③ 법주창혼착어
④ 독경
⑤ 묵념
⑥ 약력 보고
⑦ 추도사
⑧ 헌화 및 헌향
⑨ 영가 축원
⑩ 유족 대표 답사
⑪ 사홍서원
⑫ 폐식

(7) 상 례

1) 조문객의 옷차림
① 남성은 검정색 양복이 원칙이나 감색이나 회색도 무난하다. 와이셔츠는 반드시 흰색으로 하고, 넥타이, 양복 등은 검정색으로 통일한다.
② 여성은 검정색 상의에 검정색 스커트를 입도록 하고, 검정색 구두에 무늬가 없는 검정색 스타킹을 신는다.

2) 조문(조상 · 문상)
① 호상소
  • 조객록(조상일 경우) 또는 조위록(문상일 경우)에 기록
② 분향
  • 향을 한 번 또는 세 번 사른다(만수향은 한 개 또는 세 개).
③ 신위 예절
  • 입식(영좌) : 90도 경례
  • 좌식(영좌) : 전통 배례로 큰절(남자는 두 번, 여자는 네 번)
  • 흉사시의 공수를 하고 종교와 절할 대상과의 평상시

〈조문시 헌화〉

관례를 고려

④ 상제와 절

- 상제가 먼저 경례 또는 절
- 손님은 맞절 또는 답배

⑤ 인사말

- 입식 장소에서는 서서 손님이 먼저 인사말
- 좌식 장소에서는 꿇어앉아 손님이 먼저 인사말

⑥ 부조

- 호상소에 가서 부조금품을 전달(부의록)

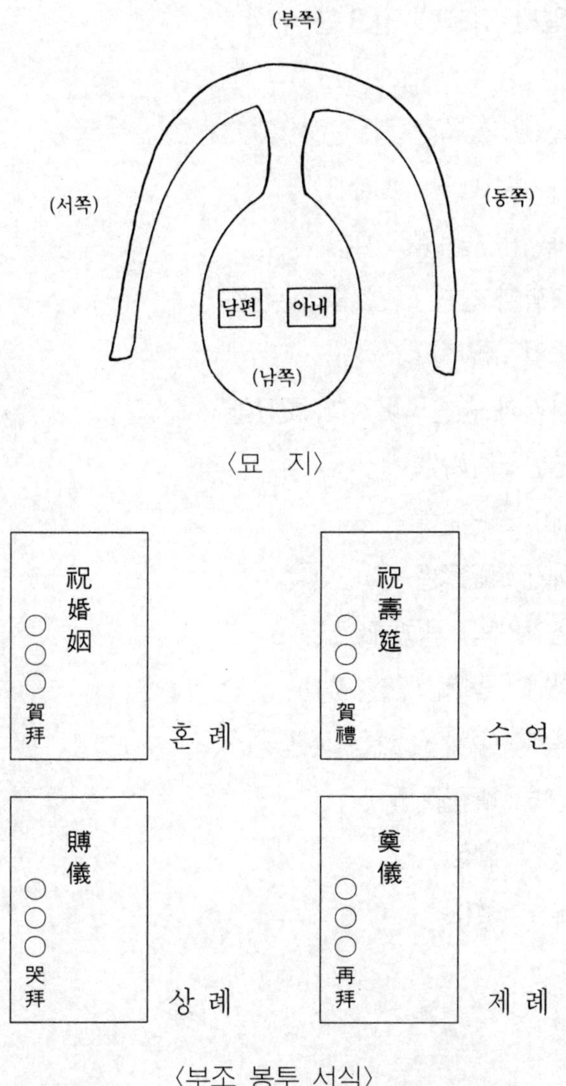

〈묘 지〉

〈부조 봉투 서식〉

(8) 일반 경조에 필요한 서식

① 출산 : 祝順産

② 아기의 백일 : 祝百日

③ 아기의 돌 : 祝晬宴

④ 취학과 진학 : 祝就學, 祝進學

⑤ 졸업 : 祝卒業

⑥ 취직과 승진 : 祝就業, 祝昇進

⑦ 혼인 : 祝婚姻

⑧ 개업 : 祝開業

⑨ 회갑 : 祝壽筵

⑩ 혼인기념 : 祝婚姻記念

⑪ 정년과 퇴직 : 謹慰勞功

⑫ 화재 · 수재 : 謹慰 · 災難

⑬ 문병 : 祈祝快癒

⑭ 조문 : 賻儀

⑮ 제사 : 奠儀

10. 국기에 대한 예절

① 태극기는 흰색 바탕에 기연 중앙에는 적색과 청색의 태극이 도안되어 있고, 사방 모서리의 대각선 상에는 건(乾)·곤(坤)·리(離)·감(坎)의 4괘가 검은색으로 그려져 있다.

② 태극은 우주 자연의 궁극적인 생성원리를 상징하며, 빨간색은 존귀와 양(陽)을 의미하고, 파란색은 희망과 음(陰)을 의미하는 창조적인 우주관을 담고 있다.

③ 4괘의 건(乾)은 천(天)·춘(春)·동(東)·인(人), 곤(坤)은

지(地)·하(夏)·서(西)·의(義), 리(離)는 일(日)·추(秋)·남(南)·예(禮), 감(坎)은 월(月)·동(東)·북(北)·지(智)를 뜻한다.

④ 국기는 국가의 상징이므로 반드시 깨끗한 함에 넣어 소중하게 보관한다.

⑤ 국기의 색이 바라거나 더럽혀진 경우, 낡아서 더 이상 사용이 곤란한 경우에는 소각하도록 한다.

⑥ 가정에서 국기를 게양할 때에는 집 밖에서 보아 대문의 왼쪽에 게양한다.

⑦ 평상시나 경축일 등에 게양할 때에는 국기를 깃봉 바로 밑에 이어 게양한다.

⑧ 조의를 표해야 하는 날에는 깃봉과 깃면 사이를 깃면의 너비 만큼 띄워 게양한다. 깃대가 짧을 경우에는 깃대의 중간 위치에 단다.

⑨ 비나 눈이 올 때에는 거두어 들였다가 날이 개면 다시 게양하여야 한다.

⑩ 평상복을 입은 상태에서 모자를 쓰고 있을 경우에는 오른손으로 모자를 벗어들고 모자의 안쪽을 왼쪽 가슴에 댄 채 국기에 주목한다.

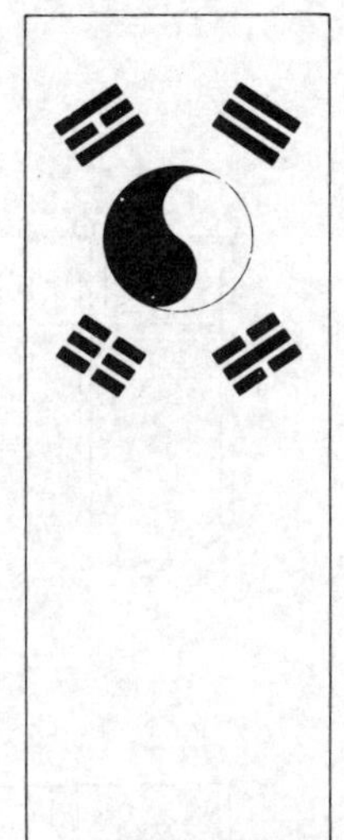

〈태극기 게양법〉

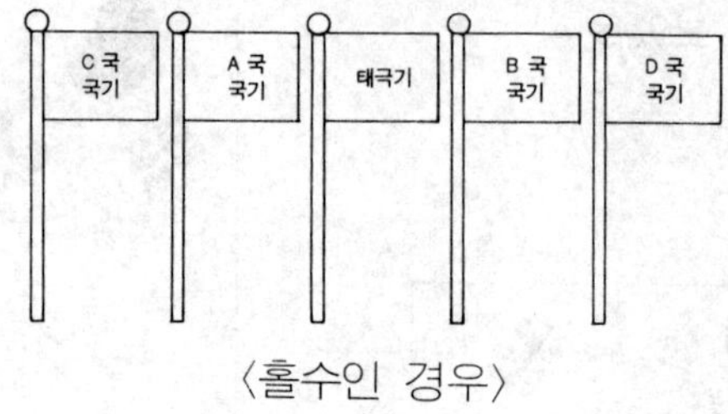

〈홀수인 경우〉

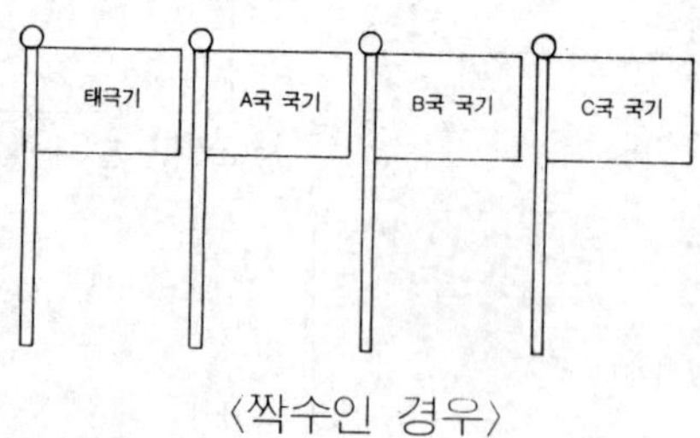

〈짝수인 경우〉

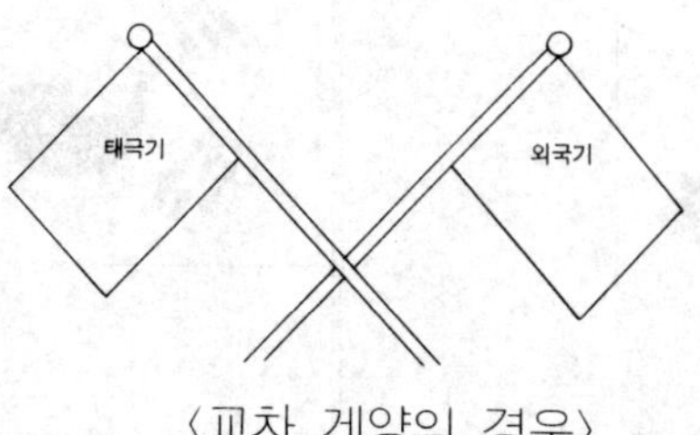

〈교차 게양의 경우〉

＊외국기와 함께 게양할 때 외국기는 알파벳 순으로

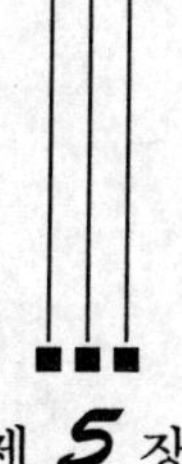

제 **5** 장
부 록
성공으로 이끄는 자기관리

<용모·복장의 자기 진단(남성편)>

항 목		용 모 복 장	A	B	C
머 리		깨끗이 면도하였는가, 앞머리는 눈을 가리지 않는가?			
		잠에서 갓 일어난 흔적은 없는가?			
		비듬은 없는가, 냄새는 안 나는가?			
얼 굴		수염, 코털이 자라 있는가?			
		이는 깨끗하고 입냄새는 안 나는가?			
		눈이 충혈돼 있거나 안경은 더럽지 않은가?			
복 장	와이셔츠	소매 부분이나 칼라 부분이 더럽지 않은가?			
		칼라 부분의 단추가 느슨하지 않은가?			
		색상, 무늬는 적당한가?			
		다림질은 잘되어 있는가?			
	넥타이	비뚤어져 있거나 풀어져 있지는 않은가?			
		때, 얼룩, 구김은 없는가?			
		양복과 어울리는가?			
		길이는 적당하고 타이핀 위치는 바르게 달렸는가?			
	상 의	일어설 때 단추를 잠그는가?			
		주머니가 불룩할 정도로 많은 물건을 넣지는 않는가?			
	바 지	다림질되어 있고 무릎이 나와 있지 않은가?			
		벨트가 너무 꽉 조여 있지 않은가?			
	양 말	냄새나지 않는가?			
		화려한 색상이나 무늬는 아닌가?			
손		더러워져 있지 않은가?			
		손톱은 길지 않은가?			
구 두		잘 닦여져 있는가?			
		굽이 많이 닳아 있는가?			
		색상이나 형태는 비즈니스에 적당한가?			
명함지갑		명함은 명함지갑에 넣고 매수는 적당한가?			

〈용모 · 복장의 자기 진단(여성편)〉

항 목	용 모 복 장	A	B	C
머　　리	청결하고 손질은 되어 있는가?			
	일하기 쉬운 머리형인가?			
	앞머리가 눈을 가리지 않는가?			
	유니폼에 어울리는가?			
	머리 액세서리가 너무 눈에 띄지 않는가?			
화　　장	청결하고 건강한 느낌을 주고 있는가?			
	피부 처리 및 부분 화장이 흐트러지지는 않았는가?			
	립스틱 색깔은 적당한가?			
복　　장	구겨지지는 않았는가?			
	얼룩은 없는가?			
	다림질은 잘되어 있는가?			
	스커트의 단처리가 깔끔한가?			
	어깨에 비듬이나 머리카락이 붙어 있지 않는가?			
	통근시의 복장은 단정한가?			
손	손톱의 길이는 적당한가?(1mm 이내)			
	손은 깨끗한가?			
스 타 킹	색깔은 적당한가? 늘어진 곳은 없는가?			
	예비 스타킹을 가지고 있는가?			
구　　두	깨끗이 닦여져 있는가?			
	모양이 찌그러져 있지 않는가?			
	뒤축이 벗겨지거나 닳지는 않았는가? (구겨 신거나 샌들은 보기 흉함)			
액세서리	일에 방해가 되는 액세서리, 눈에 띄는 물건은 착용하지 않았는가?			

〈전화 응대 자기 진단〉

	체 크 항 목	○	△	×
전화를 받을 때	① 벨이 울리면 바로 수화기를 듭니까?			
	② 수화기를 들면 소속, 성명을 말합니까?			
	③ 전화 연결을 부탁 받으면 바로 연결해 줍니까?			
	④ 용건을 전달받으면 복창을 한다든지 다시 확인합니까?			
	⑤ 전언 내용을 확인한 다음 자신의 이름을 기입합니까?			
	⑥ 부재중 전화는 전언이 없어도 본인이 돌아오면 보고합니까?			
	⑦ 담당자를 몰라 전화를 이쪽 저쪽으로 돌리지는 않습니까?			
	⑧ 사람이나 서류를 찾을 때 보류 버튼을 반드시 누릅니까?			
	⑨ 조사하는 시간이 걸릴 때 이쪽에서 다시 전화하고 있습니까?			
	⑩ 자기가 잘 알지 못할 때는 다른 사람에게 바꾸어 줍니까?			
	⑪ 말을 명확하고 확실하게 발음하고 있습니까?			
	⑫ 통화가 끝나면 상대가 끊는 것을 기다려 조용히 끊습니까?			
전화를 걸 때	① 상대의 전화번호, 소속, 성명을 확인한 다음 전화를 겁니까?			
	② 이야기하고 있는 상대가 눈앞에 있다고 생각하며 말합니까?			
	③ 전화를 걸 때 상대편이 편리한 시간대를 생각하고 있습니까?			
	④ 버튼식 전화기를 볼펜 등으로 누르지 않습니까?			
	⑤ 상대를 확인한 다음 이야기를 하고 있습니까?			
	⑥ 회사의 전문용어나 발음이 어려운 단어는 다시 설명합니까?			
	⑦ 통화가 길지 않도록 요령 있게 대화하고 있습니까?			
	⑧ 전언 내용과 성명을 밝히고, 상대의 이름을 확인합니까?			
	⑨ 상대의 대답을 확인하면서 대화하고 있습니까?			
	⑩ 통화 후 인사를 하며 상대보다 수화기를 늦게 놓고 있습니까?			
	⑪ 전화를 잘못 걸었을 때 정중히 사과하고 있습니까?			
	⑫ 용건을 한 번에 끝내지 못해 다시 전화하는 경우가 있습니까?			

○표 1개를 1점씩 계산하여 (하고 있다 ○, 가끔하고 있다 △, 하고 있지 않다 ×)

20~24점 : 양호   13~19점 : 약간 부족   6~12점 : 노력을 요함   5점 이하 : 불량

제**6**장
부록 2
글로벌 에티켓 1000선

시간, 장소, 상황별로
세계 어디서 누구와 만나더라도
세련되고 자신감 넘치는 모습으로 대처할 수 있는
1000가지 매너와 에티켓을 습관화시켜 놓는다면
대인 관계에 반드시 성공할 수 있다

좋은 매너는 최고의 경쟁력!

1. 서양 에티켓의 기본개념은 상대방에게 호감을 주고 폐를 끼
   치지 않으며 존경하는 것이다.

2. 에티켓의 유래는 프랑스 베르사유궁전의 화원 주변에 말뚝을
   박아 출입을 막았는데 이 말뚝에 씌어 있던 말이 프랑스어의
   에티켓이다.

3. 오늘날 에티켓의 의미는 아름다운 화원을 훼손시키지 말라는
   의미뿐 아니라 남의 「마음의 화원」을 해치지 말라는 뜻으로
   상대의 마음에 상처를 주지 않는다는 뜻으로 사용되고 있다.

4. 서양 에티켓에서 상석은 존경하는 상대를 항상 오른쪽에 있
   게 하는 것이다.

5. 의전(Protocol)이란 국가간의 예의범절로, 실수를 하게 되
   면 관계중간의 외교문제라는 중대한 문제로 이어지게 된다.

6. 사교 에티켓은 상호주의 관념 즉, 받았으면 답례를 한다는 것
   이다.

7. 서구사회의 사교는 자택중심이다. 즉, 남자끼리 밖에서 만나
   는 공식 사교활동 외에도 집에서 부부 동반 사교 모임이 많
   다.

8. 에티켓은 나라·종교·종에 따라 다를 수 있다. T. P.
   O(Time, Place, Occation) 맞는 에티켓에 순응할 줄 아는
   것이 올바른 에티켓이다.

9. 악수는 미소 띤 얼굴로 허리를 펴고 상대의 눈을 보며, 경건

한 마음으로 해야 한다.

10. 악수의 순서는 손윗사람(연장자)이 손아랫사람에게 먼저 청한다.

11. 악수는 여성이 남성에게 먼저 청한다.

12. 악수는 선배가 후배에게 먼저 청한다.

13. 악수는 기혼자가 미혼자에게 먼저 청한다.

14. 악수는 상급자가 하급자에게 먼저 청한다.

15. 악수는 원칙적으로 오른손으로 해야 한다.

16. 악수시 오른손에 부상을 당했을 경우에는 왼손으로 할 수 있으나 왼손은 부정하게 여기므로 양해를 얻어 사양하는 것도 방법이다.

17. 악수시 손을 흔들 때는 상하로 가볍게 흔드는데 자신의 어깨보다 높이 올려 흔들어서는 안 된다.

18. 악수시 손을 쥘 때는 너무 세거나 약하지 않게 쥐는 것이 좋은 방법이다.

19. 여성과 악수를 할 때는 남자처럼 손을 흔들지 않는 것이 좋다.

20. 국가원수와의 악수는 머리를 숙여 인사를 한 후 국가원수가 내민 손을 잡고 악수에 응한다.

21. 상대가 악수를 청할 때는 남성은 반드시 일어서는 것이 에티켓이다.

22. 악수시 여성은 앉은 채로 받아도 되지만 젊은 여성은 일어나
    서 하는 것이 좋다.
23. 여성은 실외에서 악수하는 경우 장갑을 낀 채로 해도 무방하
    다.
24. 남성은 악수할 때 장갑을 벗는 것이 에티켓이다.
25. 공식 파티에서 호스테스인 경우에는 장갑을 낀 채로 악수를
    청한다.
26. 리셉션 파티에서 리시빙라인에 서서 손님을 맞이할 때는 장
    갑을 끼고 할 수 있다.
27. 여성이 승마장갑 또는 청소용 장갑을 꼈을 때는 악수시 장갑
    을 벗어야 한다.
28. 여성의 경우 사교 모임에서 먼저 악수를 청하는 것이 에티켓
    이다.
29. 여성의 경우 남성에게 악수를 청하지 않아도 실례가 아니며
    미소와 목례로 대신할 수 있다.
30. 여성은 초면의 남성에게는 악수보다는 가벼운 목례를 하는
    것이 더 자연스럽다.
31. 여성이 남성으로부터 작별인사를 받으면 악수로 응하는 것
    이 에티켓이다.
32. 유럽이나 라틴계 남미국가 일반 사교계에서는 남성이 여성
    의 손을 잡고 상반신을 굽혀 가볍게 손등에 입맞춤을 하는

인사도 있다.

33. 구미제국 유럽이나 라틴계나 슬라브계의 나라에서는 친척 또는 친구 사이에 오랜만에 만났을 때 서로 포옹하며 양쪽 볼에 입을 맞추는 인사를 한다.

34. 서양의 경우 남자에게 붙이는 경칭으로 이름 앞에 미스터 (Mr.)를 붙여 사용한다.

35. 서양에서 결혼한 부인의 이름 앞에 붙이는 경칭으로 (Mrs.) 를 사용한다.

36. 서양에서 Mrs.뒤에 남편의 이름이 오게 되어 있다.

37. 서양에서 미혼여성의 이름 앞에 Miss를 붙인다.

38. 서양에서 사회활동을 하는 현대여성들 사이에 Ms(M₂)를 사용하기도 한다.(남녀평등을 주장하는 여성주의자들이 Mr.에 대한 반발로 만들어진 경칭이다.)

39. 의사와 같은 전문 직업인이나 박사학위를 취득한 사람은 Mr. 대신 Dr.를 사용한다.(Dr.는 남녀불문 사용)

40. Sir는 상대방 남성에게 경의를 나타내는 칭호로서 말하는 사람이 스스로 지위를 낮춘다는 의미를 내포하고 있다.

41. 나이나 지위가 비슷한 사람끼리는 Sir를 사용하지 않는다.

42. 여성에게는 Sir를 사용하지 않는다.

43. 여성은 상대방이 아무리 지위가 높아도 나이가 비슷한 남성에게는 Sir를 사용하지 않는다.

44. 행사 모임에 참여한 사람들의 순위를 말하는 서열에는 공식
    적인 서열과 관례상의 서열이 있다.

45. 공식적인 서열은 귀족, 공직자 등의 신분별 직위나 관직에
    대해 공식적으로 인정되어 있는 서열이다.

46. 관례상 서열은 일반사회 생활에서 사회적 예의로 정해 놓은
    서열로서 사람과 장소에 따라 정해진다.

47. 같은 지위의 신분일 경우 연령으로 서열을 정한다.

48. 기혼 여성이 미혼여성보다 서열이 앞선다.

49. 공직자의 딸이 미혼이면 기혼자보다 서열이 아래 이다.

50. 미혼인 딸이 아내 대신 호스테스가 되는 경우에는 예외적으
    로 상석으로 소개한다.

51. 동일계급의 내, 외국인 사이에는 반드시 외국인을 상석에
    오게 한다.

52. 두 가지 서열을 가질 때는 높은 쪽의 서열을 따른다.

53. 외국인이 동석한 파티의 서열에서는 여성을 우대한다.

54. 연회석에서 남성과 여성이 자리를 바꾸어야 할 때는 남성이
    움직이는 것이 일반적이다.

55. 남성이 한 나라의 대표자격으로 참석한 경우는 나라마다 차
    이는 있겠으나 대개의 경우, 남성이 여성보다 상석에 온다.

56. 단체의 서열과 그 단체장인 개인의 서열은 항상 일치하지는
    않는다.(각 국 대사관의 서열과 대사 자신의 서열)

부 록

325

57. 공식서열에 있어 미국처럼 3권 분립이 명확히 이루어져 있
   는 나라에서는 제1순위는 공신을 거쳐 행정부에 종사하는
   사람(대통령), 제2순위는 입법부에 종사하는 사람(국회의장),
   제3순위는 사법부에 종사하는 사람(최고재판소의 장)이다.

58. 주빈에게는 상석을 주는 것이 원칙이다.(주빈보다 높은 지위의
   사람을 함께 초대하는 것은 삼가)

59. 관례상 많은 손님을 초대했을 때 서열을 정하는 기준은 ①
   외국인 ② 손님의 친구 중 초면의 사람 ③ 과거 공직에 있던
   사람 ④ 처음 방문한 사람 ⑤ 가끔 초대받는 사람 ⑥ 자주
   보는 손님 ⑦ 친척 순이다.

60. 여성간의 서열은 ① 기혼자 ② 미망인 ③ 이혼녀 ④ 미혼자
   순이다.

61. 사적인 모임에서 서열기준은 ① 예전부터 정해진 서열 ② 가
   족의 지위와 모임의 목적 ③ 연령 ④ 사회적 지위 ⑤ 친척
   순이다.

62. 외교관의 서열에 있어서 공관장은 직책에 따라 서열이 정해
   진다. ① 교황청 대사 ② 특명전권대사 ③ 특명공사 ④ 대리
   대사 ⑤ 대사대리

63. 공관장 이외의 외교관 서열은 ① 외교관 계급순 ② 동일계급
   간에는 학임 순위 ③ 각국은 재외공관에 근무하는 직원(외교
   직, 무관, 일반직)

64. 같은 계급에 있어 외교관이 무관보다 앞서며 무관은 그 밖의
    주재관보다 앞선다.
65. 공관장인 영사는 그의 계급에 관계없이 외국 영사관원보다
    서열이 우선한다.
66. 직업 영사는 같은 계급의 명예 영사보다 서열이 우선한다.
67. 같은 공관장인 경우 직업 총영사는 명예 총영사보다 서열이
    우선한다.
68. 직업영사로서 같은 공관장인 경우에는 그 계급에 따라 서열
    이 정해지며 같은 계급일 경우 영사 인가장 발급일자 순위
    에 따른다.
69. 공관장 대리인 영사는 공관장인 영사 다음에 온다.
70. 우리나라의 서열관행은 ① 대통령 ② 국회의장 ③ 대법원장
    ④ 국무총리 ⑤ 국회 부의장 ⑥ 감사원장 ⑦ 부총리 ⑧ 외무
    부장관 ⑨ 외국특명전권대사, 국무위원 순이다.
71. 미국의 서열관행
    ① 대통령 ② 부통령 ③ 하원의장 ④ 대법원장 ⑤ 전직대통
    령 ⑥ 국무장관 ⑦ 유엔 사무총장 ⑧ 외국대사 ⑨ 전직대통
    령 미망인 ⑩ 공사급 외국공관장 ⑪ 대법관 ⑫ 각료……
72. 영국의 서열관행
    ① 여왕 ② 귀족 ③ 켄터베리 대주교 ④ 대법관 ⑤ 요크 대주
    교 ⑥ 수상 ⑦ 하원의장 ⑧ 옥새상서 ⑨ 각국 대사 ⑩ 시종

장관

73. 프랑스의 서열관행

A. 수상이 host하는 경우

① 외교단장(교황청대사) ② 대사 ③ 상원의장 ④ 하원의장 ⑤ 각료

B. 외국대사가 host하는 경우

① 총리 ② 상원의장 ③ 하원의장 ④ 외무장관 ⑤ 각료

74. 서양에서의 신년축하 에티켓

① 상사와 조부모는 새해 전날 밤에 방문 ② 부모, 백 부모, 형제자매는 첫날 방문 ③ 사촌, 그 밖의 친지는 1주일 내에 방문 ④ 일반지인은 1주일 이내에 방문

75. 남성의 낮의 정식예복은 모닝코트(morning coat) 이다

76. 남성의 낮의 약식 예복은 색코트(sack coat)이다.

77. 남성의 방의 정식 예복은 연미복(Tail coat)이다

78. 남성의 밤의 약식 예복은 턱시도(Tuxedo)이다.

79. 서양에서는 모임을 개최하게 되면 사전에 초대장을 보내는 것이 예의인데 초대장에는 반드시 복장에 대한 표시를 한다.

80. 초대장에 White Tie라고 표시된 것은 연미복을 착용하라는 것을 의미한다.

81. 초대장에 Black Tie는 턱시도를 착용하라는 것을 의미한

다.

82. 남성의 연미복은 백색타이, 백색조끼, 백색장갑을 착용하는
    것이 특징이다.

83. 남성의 턱시도는 영적이나 프랑스에서는 스모킹 자켓으로
    불린다.

84. 남성의 턱시도는 오후 6시 이후에 입는 정장이라는 뜻에서
    After Six라고도 부른다.

85. 남성의 연미복은 배 위에서는 입지 않도록 되어 있다.

86. 남성의 턱시도는 각종 파티, 극장이나 콘서트, 호텔, 클럽,
    유람선에서의 만찬 등에 입는 편리한 복장이다.

87. 남성의 모닝코트는 국가 원수나 고위 공직자가 개최하는 공
    식 오전 행사, 정식 오찬이나 간단한 미팅, 공식 야유회, 교
    회 내에서의 의식, 경마 등 오전 행사에 착용되는 정식예복
    이다.

88. 오늘날 남성의 모닝코트는 주로 오전의 결혼식이나 장례식
    등에 입는 정도이다. (장례식에 참석할 때는 검은색 넥타이, 검은색
    장갑을 낀다.)

89. 남성의 색 코트는 모닝코트와 평상복의 중간 복장으로 오늘
    날에는 검은색 계통의 정장으로 대체되고 있다.

89. 남성의 색 코트는 주로 외교관계의 특수한 신분의 사람들이
    공식적인 방문, 회의, 오찬, 다과회 등 주로 오전행사에 착

용하는 옷차림이다.

90. 양복은 같은 옷을 매일 입지말고 두세 벌을 준비해 번갈아
    입는 것이 오래도록 입을 수 있고 더욱 품위 있어 보인다.

91. 양복의 재질은 너무 유난스러운 것이라든가 무늬가 너무 눈
    에 띄는 디자인은 삼가도록 한다.

92. 정장에는 흰색 드레스셔츠(Dress shirt)가 기본이다.

93. 와이셔츠 (Y-shirt)란 드레스셔츠를 일컫는 것으로 일본인
    들이 흰색 셔츠(White shirt)를 와이셔츠라 발음한 데서
    생겨난 잘못된 표현이다.

94. 드레스셔츠의 사이즈는 목둘레와 소매 길이로 측정하는데
    목 부분과 소매 부분이 1cm~1.5cm 정도 보이도록 하는
    것이 올바른 방법이다.

95. 드레스셔츠의 깃과 소맷부리는 항상 빳빳한 상태를 유지하
    도록 한다.

96. 조끼를 입을 경우 야간 복장 이외에는 조끼의 맨 밑의 단추
    하나를 풀어놓는 것이 영국이나 미국 신사의 풍습이다.

97. 사람을 만날 때 조끼를 입지 않은 경우라면 상의의 한군데만
    이라도 단추를 채우는 것이 에티켓이다.

98. 양말은 색상에 특별히 신경을 써야 하는데 바지나 구두의 색
    상과 같은 계통의 양말을 신는 것이 좋다.

99. 정장에 흰색 면양말은 절대 금물이다.

100. 구두는 검정색이나 짙은 갈색이 무난하며 광택이 나게 잘
     닦아 신는 것이 예의이다.
101. 구두도 양복과 같이 두세 켤레를 준비해 번갈아 신는 것이
     세련되게 오래 신는 방법이다.
102. 주말에 교외에 나갈 경우에는 콤비 형태의 화사한 옷차림
     을 하는 것이 좋다.
103. 갈색 양복에는 옅은 Beige(베이지) 드레스셔츠가 잘 어울
     린다.
104. 남색 양복에는 Sky Blue(옅은 남색) 드레스셔츠가 잘 어울
     린다.
105. 짙은 회색에는 Light Grey(엷은 회색)셔츠가 잘 어울린다.
106. 드레스셔츠는 흰색이 기본으로 어느 정장에도 가장 무난하
     다.
107. 24시간 이상 여행을 하는 경우에는 신사복 대신 쉽게 더러
     워지지 않고 주름이 잘 가지 않는 종류의 여행복을 입는
     것이 바람직하다.
108. 넥타이(Neck-Tie)는 남성들의 정장차림에 있어 하나의
     상징으로 되어 있으며 여러 가지를 준비하여 요일별로
     T.P.O에 따라 양복 색상에 알맞도록 매는 것이 품위를 높
     여준다.
109. 넥타이는 얼룩이 있거나 더러운 것은 매지 않는다.

110. 넥타이 길이는 매어진 상태가 혁대에 살짝 닿거나 약간 길
     게 하는 것이 보기 좋다.
111. 조끼를 입었을 때는 조끼 아래쪽으로 넥타이가 보이지 않
     도록 한다.
112. 목 부분이 헐렁하지 않도록 잘 당겨서 맨다.
113. 넥타이는 양복과 드레스셔츠의 색상과 조화를 이루는 색상
     을 선택하도록 하며 매일 바꿔가며 매는 것이 새롭게 보인
     다.
114. 체크무늬의 양복에 체크나 줄무늬 넥타이는 어울리지 않는
     다.
115. 진한 계통의 양복에는 밝은 색상의 타이가 잘 어울린다.
116. 장식 수건은 턱시도나 연미복에는 흰색의 장식 수건을 꽂
     는 것이 매너이며 기타 정장 차림에서는 넥타이의 색상과
     같은 것으로 센스 있게 꽂는 것이 좋다.
117. 남성의 경우 필수적인 장신구 이외에는 되도록 보석을 사
     용하지 않는 것이 좋다.
118. 다이아몬드처럼 빛이 나는 보석은 야간 복장에서의 커프스
     버튼 이외에는 되도록 사용하지 않는다.
119. 다이아몬드가 박힌 넥타이핀을 한다거나 다이아몬드반지
     를 하는 것은 오히려 품위가 없어 보인다.
120. 커프스버튼은 주간에는 금으로 된 원형제품이나 각이 있는

것으로 지나치게 장식적인 것은 피한다.

121. 야간에 커프스 버튼은 화이트골드(백금을 합금한 제품)나 백
　　　금의 제품이 좋다.

122. 남성의 반지는 새끼손가락에 낀다. 단 결혼반지는 왼쪽 약
　　　지에 낀다.

123. 조끼를 입지 않았을 때는 클립 식의 넥타이핀은 금으로 된
　　　단순한 형태의 것이 좋다.

124. 손목시계는 금속 끈으로 된 시계보다는 가죽끈으로 된 손
　　　목시계가 더 고상해 보인다.

125. 손목시계는 야간예복차림의 경우에는 하지 않는 것이 올바
　　　른 방법이다.

126. 디지털 전자 손목시계는 정장 외에는 착용하지 않는 것이
　　　좋다.

127. 넥타이핀은 양복에 따라 드레스셔츠의 4번째 단추를 기준
　　　의 약간 위 또는 아래에 위치하도록 한다.

128. 여성에 있어 옷차림은 바로 첫인상으로 연결되며 태도나
　　　대화의 기술은 부가적인 것이다. 여성의 옷차림의 기준이
　　　되는 것은 유행이다.

129. 여성의 옷차림에서 유행을 무조건 따르는 것이 아니라 유
　　　행을 자기 자신에게 맞게 받아들이는 여성이 세련된 여성
　　　이다.

130. 여성의 옷 선택은 강도와 모임의 성격에 따라 달라져야 한
다.

131. 여성은 오후 1시부터 6시까지 낮 동안에는 가장 산뜻한 옷
차림을 해야 한다.

132. 주간복장으로 거리를 다닐 때는 부인들은 모자를 쓰는 것
이 더 고상해 보인다. 모자를 쓴 경우에는 반드시 장갑을
끼는 것이 예의이다.

133. 여성의 이브닝 드레스(Evening Dress)는 남성의 연미복
에 상응하는 정식 야간 복장이다.(모자는 쓰지 않는다.)

134. 여성의 애프터눈 드레스, 칵테일 드레스는 남성의 모닝 재
킷이나 색코트에 어울린다.

135. 한국 여성의 예복으로 잘 어울리는 옷은 한복이다. 전통과
특색이 있고 한국 여성의 몸매를 가장 아름답게 표현해 주
기 때문이다. 한복에는 기본적으로 액세서리를 하지 않는
다.(한복에 목걸이는 금물)

136. 여성의 평상복장은 색상, 형태, 스타일 모두가 자신에게
잘 맞아야 하며 계절에 따라 유행을 존중한다.

137. 서양에서 일반적인 선물로서 어린아이에게는 완구, 그림
책, 장난감 정도가 좋다.

138. 서양에서 성인에게는 넥타이, 책, 문구류, 핸드백, 액세서
리 등으로 선물을 한다.

139. 서양에서 젊은 여자 친구에게는 생화, 서적, 과자 류 정도
로 선물하는 것이 좋다.

140. 서양에서 혼인 예식장에서 대개 앞쪽은 신랑 신부의 친척
이나 친한 친구들의 좌석으로 정하며 신부측 가족은 왼쪽
신랑측 가족은 오른쪽에 앉는다.

141. 아는 사람이 병에 걸린 사실을 알게 되면 가능한 빠른 시일
내에 문병을 가는 것이 에티켓이다.

142. 문병 시 중병일 때는 무리해서 꼭 본인을 만날 필요가 없으
며 환자 가족을 통해 신속한 쾌유를 바라는 뜻을 전하면
된다.

143. 문병은 직접 찾아가는 것이 예의이나 상황이 여의치 않을
시는 명함에 "To inquire" 또는 "P.P.N" (pour prendre
nouvelle: 쾌유를 빕니다)를 적어보내도 무방하다.

144. 문병시 환자의 집이든 병원이든 꽃을 선사하는 것이 가장
무난하다.

145. 문병을 받은 경우에는 완쾌 후 적당한 시기에 자신을 찾아
왔던 모든 사람을 방문하여 고마움을 표현하는 것이 에티
켓이다.

146. 조문은 친척이나 평소 친분이 두터웠던 사람은 영주가 안
치되어 있는 장소에서 조문하지만 안면이 있는 정도의 사
람이 영전 앞의 유족에게 조의를 표하는 것 은 오히려 실

례가 될 수 있으므로 조문명함으로 대신해도 상관 없다.

147. 조문시간은 15분 정도가 좋다.

148. 조문명함은 상가에 가서는 명함에 "with deep symgathy" 또는 소문자로 P.C (pour condoler:조의를 표합니다)라고 적어 놓고 온다.

149. 사망통보를 받으면 위로편지를 보내며 필히 손으로 써야 하고 깊은 애도의 뜻이 전달되도록 한다.

150. 카톨릭에서는 제단에 일반 조화는 놓지 못하게 되어있다.

151. 유태교에서는 조화를 절대로 받지 않는다.

152. 서양에서 장례식은 대부분 교회에서 치러진다.

153. 교회에서 행하는 장례식장에서는 다른 사람들과 눈에 띄게 인사를 나누지 않고 가벼운 목례로 대신한다.

154. 장례식장에서 다른 사람과 인사말은 작은 목소리로 하며 되도록 밖으로 나와 이야기하는 것이 예의이다.

155. 장례식장에서 좌석은 유족석이 제단을 향해 오른쪽 앞줄부터이며 내빈석은 왼쪽 앞줄부터이다. 지인 이나 친지는 유족 석 뒤쪽에 앉으면 된다.

156. 장례식의 복장은 모닝코트를 입으며 검은 넥타이와 검은 장갑을 착용하는 것이 보통이다.

157. 장례식에서 미국과 영국에서는 검은 장갑 대신 회색 장갑을 낀다.

158. 카톨릭의 영향을 받는 프랑스에서는 팔에 상장을 두르며
     모자에는 검은 띠를 두르기도 한다.
159. 구미에서는 1년 상이라 하여 1년 간을 바깥 출입이나 행동
     을 삼간다.
160. 상중인 미망인의 경우, 20일간 혹은 3주간은 아주 절친한
     사이가 아니면 방문객을 받지 않고 6개월 간은 남을 방문
     하지 않는다.
161. 상중 1년 간은 무도회나 대형 연회에 참석하지 않는 것이
     예의이다.
162. 상중 남성은 미망인의 경우처럼 엄격한 제한을 받지는 않
     지만 적어도 2개월 간은 사교 모임에 참석을 삼가는 것이
     예의이다.
163. 상중인 사람의 옷차림으로 남자는 원래 양복, 넥타이, 양
     말, 구두까지 모두 검은색으로 셔츠만 흰색으로 입고 모
     자나 저고리의 왼쪽 소매에 상장을 다는 것이 원칙이다.
164. 상중인 사람의 옷차림으로 여성은 검은색 드레스를 입는
     다.
165. 상중 아이들의 경우 장례가 끝나면 평상복으로 갈아입는
     다.
166. 상중 어린아이에게는 검은 상복을 입히지 않는다.
167. 상중의 명함과 편지지, 편지봉투에는 검은 테두리를 두른

것을 사용한다. 답신 용지도 검은 테두리를 하는 것이 예
의이다.

168. 소개하는 순서는 이성간에는 남성을 여성에게 소개한다.

169. 소개할 때 반드시 손윗사람이 손아랫사람을 소개한다.

170. 소개할 때 지위가 낮은 사람을 높은 사람에게 소개한다.

171. 소개할 때 후배를 선배에게 소개한다.

172. 소개할 때 연소자를 연장자에게 소개한다.

173. 소개할 때 중요한 사람에게 덜 중요한 사람을 소개한다.

174. 소개할 때 아무리 중요한 사람이라 하더라도 지위가 아주
     높은 경우가 아니면 여성을 먼저 남성에게 소개하는 것은
     실례가 된다.

175. 소개할 때 미혼인 사람을 혼인한 사람에게 소개한다.

176. 소개할 때 집안식구인 경우는 자기 식구를 다른 사람에게
     소개하는 것이 예의이다.

177. 소개시 소개받는 사람과 소개되는 사람 모두 일어서는 것
     이 원칙이다.

178. 소개시 동성끼리 소개받을 때는 서로 일어선다.

179. 소개시 성직자, 연장자, 자신보다 지위가 매우 높은 분을
     소개받을 때는 남녀 관계 없이 일어서는 것이 원칙이다.
     (노령인 사람, 환자의 경우는 예외)

180. 소개시 남성이 여성을 소개받을 때는 반드시 일어선다.

181. 소개시 여성이 남성을 소개받을 때는 반드시 일어날 필요는 없다.

182. 소개시 나이가 많은 부인이나 앉아있던 여성은 그대로 앉아 있어도 무방하다.

183. 소개시 주최한 호스테스의 경우에는 상대가 남성이더라도 일어나는 것이 에티켓이다.

184. 소개시의 악수는 소개가 끝나면 악수로 인사한다.

185. 소개시의 악수는 동성간에 주로 이루어지며 이성간일 때에는 여성은 목례로 대신한다.

186. 소개시 악수를 할 때 소개를 받았다고 바로 손을 내밀지 않는다.

187. 연소자가 연장자에게 소개되었을 때에는 상대방이 악수를 청하기 전에 손을 내밀어서는 안 된다.

188. 소개시 연장자가 악수 대신 간단히 인사를 하면 연소자도 이에 따른다.

189. 소개시 악수나 목례 시에는 얼굴에 미소를 띤다.

190. 소개시 외국인 부부를 소개받는 경우 동성간에는 악수를 하고 이성간에는 간단한 목례를 대신한다.

191. 미국에서 인사 후에 곧바로 "Nice to meet you." 등을 사용하는데 초면 일 때는 "meet", 두 번째부터는 "see"를 사용한다.

192. 미국에서 매우 가까운 사이에는 "Hi"(Hi, James.)를 사
     용하여 격식 없는 인사를 하기도 한다.

193. 기혼여성에 대해서는 어떤 경우라도 남성을 먼저 소개하는
     것이 에티켓이다.

194. 아무리 높은 지위의 남성이라도 기혼여성을 먼저 소개하는
     것은 실례이다.

195. 18세 이상의 미혼 여성이 방문객인 경우에는 레이디
     (Lady)로서 대해야 하며 그 이하의 연령이라면 먼저 소
     개해도 무방하다.

196. 딸이 부모와 함께인 경우라면 부모와 동년배인 남성에게
     먼저 소개한다.

197. 기혼 여성에 대해서 보통 남성을 먼저 소개하는 것이 예의
     이나 왕, 대통령, 왕족, 성직자의 경우에는 부인을 먼저
     소개하는 것이 에티켓이다.

198. 자기소개를 할 때 Mr, Mrs, Miss라든가 자신의 직함을
     붙이지 않도록 한다.

199. 대형파티, 댄스파티, 결혼리셉션 등 아는 사람을 중심으로
     모이게 된 경우에는 서로 대화를 나누며 자기소개를 해도
     무방하다.

200. 대형연회에서 같은 테이블에 앉게 된 경우 서로 대화를 해
     야 하므로 자기소개를 하며 상대를 물어봐도 무방하다.

201. 남성이 여성에게 자기소개를 할 때 Mr.를 붙이는 것을 삼
     가야 한다.
202. 외국인을 소개받을 때는 상대의 이름을 주의 깊게 듣고 이
     름을 기억하려고 노력해야 한다.
203. 파티에서의 소개는 주최측의 중요한 역할이므로 초청한 손
     님의 이름, 직업, 지위 등을 사전에 기억해 두었다가 능숙
     하게 소개해야 한다.
204. 만찬이나 오찬시 손님을 소개할 경우에는 주빈에게 손님을
     소개한다.
205. 호스테스는 손님과 인사를 주고받은 후 주빈이나 지위가
     높은 사람에게 소개한다.
206. 파티에 외국인이 참가한 경우 호스트는 되도록 대화가 가
     능한 사람을 외국인에게 먼저 소개한다.
207. 파티에서 손님이 많을 때는 손님 전부를 소개할 필요가 없
     으며 외국인은 가능하다면 참석자 전원에게 소개한다.
208. 정식 만찬 시에는 남자손님을 필히 파트너에게 소개한다.
209. 호스테스가 남성의 파트너를 소개할 수 없는 분위기에서는
     남성이 여성에게 가서 자기 소개를 해도 무방하다.
210. 리셉션에서 주빈에게는 모든 손님을 소개한다.
211. 리시빙 라인에서의 접객이 끝난 후에 도착한 손님은 호스
     테스가 주빈이 있는 곳으로 안내하여 소개시킨다.

212. 처음 온 손님의 경우 호스테스가 먼저 온 손님들에게 소개
     해 준다.

213. 칵테일파티에서 처음 온 손님을 소개하는 것은 10~20명
     정도가 적당하다.

214. 리셉션에서 손님이 무리를 이루고 있을 때는 처음 온 손님
     을 그곳으로 데려가 소개한다.

215. 초면시 대화에서 논쟁의 우려가 있는 정치, 종교, 금전상
     의 화제는 상식적으로 금기시 되어 있다.

216. 초면시 대화의 내용은 문학, 예술, 시사, 뉴스, 스포츠, 여
     행 등에 관하여 언제라도 화제로 선택해도 좋다.

217. 초면 대화시 혼자서 일방적으로 말하거나 조용히 앉아만
     있거나 가족 자랑만 늘어놓는 것은 삼가야 한다.

218. 소개를 받고 나서 헤어질 때 작별인사는 적은 인원의 경우
     소개받았던 모든 분들께 인사하는 것이 에티켓이다.

219. 파티에 참석한 사람이 많을 경우 전원에게 일일이 작별 인
     사할 필요는 없고 호스테스, 호스트, 자신의 주위사람들에
     게 작별인사를 한다.

220. 작별인사는 다른 사람의 주의를 끌지 않도록 작은 목소리
     로 정중하게 한다.

221. 작별인사말은 특별한 경우가 아니면 "Good-bye" 정도로
     만 끝나는 것이 좋다.

222. 작별인사를 할 때는 소개받을 때와 마찬가지로 일어서는
     것이 에티켓이다.
223. 영국에서는 초대받을 손님을 주체자가 반드시 소개하는 것
     이 특징이다.
224. 프랑스 등 유럽에서는 주체자의 소개를 기다리지 않고 손
     님끼리 인사를 나눈다.
225. 유럽, 남미에서는 남성을 필히 참석한 모든 여성, 연장자
     및 손윗사람에게 소개해야 한다.
226. 유럽, 남미에서 나이가 어린 여성은 연장자인 여성 전원에
     게 소개하도록 되어 있다.
227. 대륙 식에서 여성이 자기보다 연장인 여성, 혹은 자기 남편
     보다 지위가 높은 사람의 부인을 소개받았을 때는 적어도
     1주일 이내에 상대방에게 명함을 보내는 것이 에티켓이
     다.(부인의 남편과 안면이 없어도 그 남편에게도 자기 남편의 명함을
     함께 보내는 것이 에티켓)
228. 공공장소(노상, 극장, 경기장, 승마장, 호텔, 레스토랑 등)에서 아
     는 사람을 만났을 때 동반한 친구는 상황을 보아 소개하는
     것이 좋다.
229. 노상에서 소개받아 악수를 할 때 남성은 여성에 대해서 반
     드시 장갑을 벗는 것이 에티켓이다.
230. 소개장을 전달하는 시간은 대개 오후 3시~4시가 좋다.

231. 방문시 특별히 신경 써야 하는 것은 시간에 대한 에티켓이
　　 다.
232. 사교적이든 업무적 목적이든 방문시는 먼저 상대방의 형편
　　 에 따라 약속시간을 정해야 한다.
233. 방문에 있어서는 무엇보다도 약속을 한 시간에 필히 도착
　　 하고자 하는 마음 자세가 중요하다.
234. 구미에서 사교적 목적의 방문시간은 대략 점심식사 후인
　　 오후3시 이후부터 저녁식사 전으로 인식되어 있다.
235. 가장 적당한 방문시간은 오후 4~6시경이다.
236. 구미의 관습에서 오전시간은 사교방문을 삼가는 시간으로
　　 인식되어 있다.
237. 구미에서 오전 중 방문은 병문안이나 조문의 경우이다.
238. 남의 방이나 사무실에 들어갈 때는 노크하는 것이 에티켓
　　 이다.(병실의 경우는 의사가 검진중일 경우를 제외하고는 그냥 들어
　　 가도 무방)
239. 처음 방문할 때 머무르는 시간은 도착 후 약15분 정도 머
　　 물다가 일어서는 것이 에티켓이다.
240. 방문하여 이야기 도중 다른 손님이 찾아왔을 때는 되도록
　　 빨리 이야기를 끝내도록 해야 하며 새로 온 손님을 5분 이
　　 상 기다리게 하는 것은 실례이다.
241. 방문시는 먼저 현관에서 본인의 이름을 알려주어야 한다.

242. 방문시 가정부가 문을 열었을 경우 명함을 줄 필요는 없으
    며 명함은 주인에게 직접 전달하는 것이 에티켓이다.
243. 현관에서 방문객을 오래 기다리게 해서는 안 된다.
244. 방문객 대기실에서는 남녀 모두 외투나 장갑을 벗지 않아
    도 된다.(남성은 모자나 레인코트는 벗는다.)
245. 우리나라에서는 현관에 들어서면 외투나 장갑을 벗는 것이
    예의이나 구미에서 외투는 복장의 하나로 인식되어 있으
    므로 자신의 집 이외의 장소에서는 입고 있어도 무방하다.
246. 서양에서 시간이 걸리는 대화시는 외투를 벗는 것이 에티
    켓이다.
247. 서양에서 사전에 면담이 짧게 약속된 경우 외투를 벗는 것
    은 장시간 면담을 원하는 뜻으로 알고 상대가 당황해 할
    수도 있다.
248. 방문시 주인과 만나기 위해 가정부가 응접실로 안내하면
    방문객은 모자와 외투를 가정부에게 맡긴다.
249. 여성은 양산, 손에 든 물건은 가정부에게 맡기되 외투는 맡
    기거나 그대로 입는다.
250. 남자는 외투, 지팡이, 장갑 등을 가정부에게 맡긴다.
251. 방문시 여성은 장갑을 끼고 있는 것이 당연하지만 음료나
    다과를 제공받을 경우를 대비하여 방에 들어가면 벗는 편
    이 좋다.

252. 방문시 방에 들어가면 의자에 앉되 다른 여성방문객이 있
    을 경우에는 주인이 권하기까지 서있는 것이 에티켓이다.
253. 서양에서 좌석은 입구에 가까운 쪽이 말석이다.
254. 서양에서 응접실에 있는 긴 의자는 손윗사람이 앉는 자리
    로 되어 있다.
255. 방문하여 착석시는 의자 중앙에 허리를 깊숙이 하여 차분
    한 자세로 앉아야 한다.
256. 방문하여 착석시 긴 소파의 경우 의자의 끝 부분에 앉는다.
257. 방문처에서 의자에 앉을 때 다리를 꼬거나 벌리지 않도록
    하며 양손은 무릎 위에 올려놓는 것이 좋다.
258. 처음 방문시 대화시간은 15~20분간 대화하며 머무르는
    것이 적당하다.
259. 방문시 명함은 남성이 기혼여성을 처음 방문하고 떠날 때
    에는 부인의 남편 앞으로 명함을 남겨놓는 것이 에티켓이
    다.
260. 방문시 남성이 미망인이나 미혼여성의 경우에는 명함을 남
    겨놓을 필요가 없다.
261. 방문자가 미혼여성일 경우에는 부인의 남편 앞으로 명함을
    남겨놓을 필요가 없다.
262. 방문객이 기혼여성일 때는 상대방 남편에게 자신의 남편
    명함을 남긴다.

263. 방문시 남편이 집에 있거나 함께 이야기를 나누었을 경우
　　　에는 명함을 놓을 필요가 없다.

264. 방문을 받았을 때는 꼭 답방을 하는 것이 에티켓이다.

265. 부부가 같이 방문했을 때는 부부가 함께 답방하는 것이 에
　　　티켓이다.

266. 부부가 답방 해야 함에도 남편이 불가피한 사정으로 부인
　　　만이 방문한 경우에는 돌아올 때 남편의 명함을 놓아두면
　　　남편의 방문을 대신하는 의미로 전해진다.

267. 독신인 남성이 부부를 방문했을 경우 답방은 남편 혼자서
　　　답방하면 된다.

268. 돌아올 때 그 집의 가정부와 악수를 하지 않는 것이 에티켓
　　　이다.

269. 가정부에게 팁을 건네주는 시기는 떠나오기 전이 좋으며
　　　주인 앞에서는 피해야 한다.

270. 처음 소개받은 손윗사람으로부터 한번 놀러오라는 초대를
　　　받았을 경우 1주일 이내에 그 사람을 방문하는 것이 에티
　　　켓이다. (주로 부인들 사이)

271. 안면이 없는 사람으로부터 초대시는 3일 이내에 방문하는
　　　것이 에티켓이다.

272. 여성이 저녁 파티에 초대받았을 시는 참석 여부에 관계없
　　　이 2~3주일 이내에 상대방의 부인을 방문하는 것이 에티

켓이다.

273. 만찬에 초대받았을 시는 1주일 이내에 감사의 편지를 보내
    는 것이 에티켓이다.

274. 일반관례로서 방문은 혼인시는 신흥여행을 다녀온 후 2주
    내에 방문하는 것이 에티켓이다.

275. 출산시는 통지를 받은 후 2주 내에 방문하는 것이 에티켓
    이다.

276. 조문의 경우를 제외하고는 반드시 답방을 해야 하는데 빠
    른 시기에 하는 것이 에티켓이다.

277. 최초 방문에 대한 답방을 3주가 지나도록 하지 않았다거나
    감사편지를 보내지 않은 경우에는 교제를 기피하는 것으
    로 상대방이 오해할 수 있다.

278. 새로 이사온 사람의 방문을 받고 나면 적어도 2주내에 답
    방하는 것이 에티켓이다.

279. 여성은 어떤 경우라도 남성의 방문에 대해 답방할 필요가
    없다.

280. 서양인과의 교제에 있어서 교제상의 방문은 부인들만이 아
    니라 남성들도 더불어 해야 한다.

281. 명함은 자신의 신분을 알리며 그 사람의 모든 것을 말해주
    는 것이므로 일정한 규격으로 제작하여 올바르게 사용해
    야 한다.

282. 여성이 남성측에 명함을 보내는 것은 절대금물이다.(조문,
문병의 경우 예외)

283. 남성이 부인을 소개받았을 때 8일 이내에 그 부인과 남편
에게 명함을 보내는 것이 에티켓이다.

284. 남편의 지위가 높은 부인을 소개받은 기혼여성은 자신의
명함을 남편의 명함과 함께 8일 이내에 상대에게 보내는
것이 에티켓이다.

285. 경축일, 새해 및 기타 경사에 대한 축하시에는 p.f (pour
feliciter = to express congraturation: 축하합니
다.)를 적은 명함을 보낸다. 상대방은 p.r (pour
remercier = to express thanks : 감사 드립니다.)이
라 적힌 명함을 보낸다.

286. 이임 혹은 작별의 뜻을 표할 때는 p.p.c(pour prendre
conge=to say good-bye : 작별인사 드립니다.)의 명
함을 보내 인사를 대신한다.

287. 안면이 없는 사람으로부터 처음 초대를 받았을 경우 3일
이내에 상대방 부인을 방문해 예의를 표하며 남편의 명함
을 놓고 온다.

288. 오늘날에는 격식을 갖춘 파티를 제외하고는 칵테일파티 등
에 초대시 명함을 놓고 오지 않아도 상관없다.

289. 딸이 호스테스를 대신하는 파티에는 딸에게 명함을 감사의

표시를 하는 것이 에티켓이다.

290. 감사표시의 명함에 대해서는 회신을 보내지 않아도 된다.

291. 서양인들 사이에 명함을 주고받는 일은 서로 알고 나서 교
제를 더한층 긴밀히 하기 위한 예의에 지나지 않는다.

292. 서양에서 초면에 명함을 내미는 경우는 비즈니스 상이 아
니면 거의 없으므로 서양인과 교제시 주의해야 한다.

293. 사교용 명함은 사교용으로 업무용 명함은 업무 시에만 사
용해야 한다.

294. 사교용 명함은 성명과 주소만을 기입하지만 업무용 명함은
성명, 회사주소, 직위 등을 기입한다.

295. 레스토랑에서 즐거운 식사를 하기 위해서는 반드시 예약을
해야 한다.

296. 테이블 매너는 시간엄수를 특히 요구하므로 확실히 지킬
수 있는 시간으로 예약해야 한다.

297. 레스토랑의 예약변경사항이 발생하였을 경우에는 미리 연
락하여 변경하는 것이 에티켓이다.

298. 레스토랑을 이용할 때 입구에 들어서면 지배인 또는 리셉
션리스트(Receptionist)로부터 테이블까지 안내를 받는
것이 매너이다.

299. 레스토랑에서는 대개 안내자가 제일 먼저 빼주는 자리가
최 상석이므로 그 날의 주빈을 앉도록 한다.

300. 레스토랑에서 대개 최상 손님은 고령의 여성이나 처음 초
     대한 사람, 혹은 사회적 지위가 높은 유명 인사가 된다.
301. 레스토랑에서 호스트의 친구나 친척 등은 말석에 앉는다.
302. 레스토랑에서 좌석에 앉을 때는 남녀가 번갈아 가며 앉는
     다.
303. 레스토랑에서 가장 중요한 여성 손님은 호스트의 오른쪽에
     앉는다.
304. 레스토랑에서 두 번째 중요한 여성 손님은 주빈 남성손님
     의 오른쪽에 앉게 한다.
305. 레스토랑에서 부부나 커플이 함께 한 경우에는 나란히 앉
     지 않고 떨어져 앉도록 한다.
306. 레스토랑에서 좋은 자리의 조건은 첫째 앉았을 때 전망이
     좋은 자리가 최상석이다.
307. 레스토랑에서 두 번째 좋은 자리의 조건으로는 마음이 편
     한 곳이다. 즉, 통로쪽, 사람이 많이 오가는 곳, 의자의 등
     받이가 스치는 곳, 입구에 가까운 곳 등은 상석이 아니다.
308. 서양에서 레이디 퍼스트(Lady First)의 여성 존중사상이
     에티켓의 기본이다.
309. 레스토랑에서 자리에 앉을 때는 남성보다 여성이 먼저 앉
     도록 되어 있다.
310. 레스토랑에서 고령자, 연장자, 여성들과 함께인 경우라면

남성은 그들이 앉을 때까지 의자 뒤에 서서 기다리거나 여
성의 착석을 보조해 주는 것이 에티켓이다.

311. 레스토랑에서 웨이터나 남성이 의자를 빼주면 왼쪽에서부
터 의자 앞으로 가서 앉는다.

312. 레스토랑에서 착석시 허리를 깊숙이 해서 앉고 상체를 꼿
꼿이 세운다.

313. 테이블에서 아무것도 하지 않을 때 손은 무릎 위에 올려놓
는다.

314. 테이블에서 팔꿈치를 테이블 위에 세우거나 턱을 괴는 등
행위를 삼간다.

315. 편안하고, 품위 있고, 상대에게 부담을 주지 않고 맛있게
식사를 하려는 데 있다.

316. 테이블에서 가슴까지는 대개 주먹 두 개 만큼의 거리를 두
면 된다.

317. 레스토랑에 들어갈 때 모자, 코트, 가방 등의 짐은 클로크
룸에 맡기는 것이 원칙이다.

318. 테이블에서 여성은 핸드백을 자신의 등뒤 의자의 뒤쪽에
놓는다.

319. 테이블에서 냅킨은 자리에 앉자마자 성급하게 펴지 않도록
한다.

320. 테이블에서 여성은 입술의 루즈를 냅킨으로 닦아내는 것은

삼가도록 한다.

321. 보조를 맞추어 냅킨을 반을 접어 무릎 위에 편다.

322. 테이블에서 식사 중 잠시 자리를 뜰 경우에는 냅킨을 의자
   위에 놓고 간다.

323. 테이블에서 식사가 끝난 후 일어설 때 냅킨을 간단히 접어
   테이블 왼쪽 위에 올려놓는다. (식사 후 의자 위에 놓지 않도록)

324. 테이블에서 나이프는 오른손에 포크는 왼손에 잡는다.

324. 양식에서 나이프와 포크는 코스에 따라 각각 다른 것을 사
   용한다.

325. 테이블에서 나이프와 포크는 바깥쪽에 있는 것부터 안쪽으
   로 순서대로 사용한다.

326. 테이블에서 나이프와 포크를 동시에 사용하여 고기를 자를
   때에는 끝이 서로 직각이 되게 하며 팔꿈치를 옆으로 벌리
   지 않고 팔목 부위만을 움직여 자른다.

327. 식사 중 포크와 나이프는 접시 양쪽에 걸쳐놓거나 접시 위
   에 서로 교차해서 놓는다.

328. 식사가 끝났을 때는 접시 중앙의 위 부분에 나란히 놓는다.

329. 나이프, 포크, 스푼을 사용했을 경우에는 바깥쪽부터 나이
   프, 포크, 스푼 순으로 가지런히 모아 놓는다.

330. 음식물을 입에 넣고 씹을 때에는 포크와 나이프는 접시 위
   에 놓도록 한다.

331. 식사 중 나이프를 입안에 직접 넣는 것은 금기로 되어 있다.

332. 식전주는 식욕을 촉진시키기 위해 마시는데 대표적인 식전주는 세리(Sherry)주 이다.

333. 세리주는 스페인산 백포도주로 맛이 담백하고 다소 곰팡이 냄새가 나는 듯한 것이 특색이다.

334. 세리주에는 크림세리(Cream Sherry)와 드라이 세리(Dry Sherry)가 있는데 크림세리는 여성에게 드라이 세리는 남성에게 잘 어울린다.

335. 정식 만찬에서는 세리주와 함께 베르무트(Vermouth)를 식전주로 마신다.

336. 베르무트는 백포도주에 여러 가지 약초와 향초 등을 가미한 것으로 드라이한 프랑스 베르쿠트와 약간 단(Sheet) 이탈리아 베르무트가 있다.

337. 식전용 칵테일로는 남성의 경우 마티니 여성의 경우 맨해트가 좋다.

338. 요시음 칵테일중에 키르(Kir)또는 키르 로얄(Kir Royale)이라는 것이 있다.

339. 키르는 크림 드카시스라는 리쿠어에 백포도주를 혼합한 것이고 키르 로얄은 샴페인을 혼합한 것이다.

340. 기타 식전주로는 마가리타, 캄파리, 듀보네, 샴페인 등이

있다.

341. 술을 마시지 못하는 사람이나 여성의 경우 식전주를 함께
     마실 때는 진저엘이나 쥬스 등을 마시는 것이 매너이다.

342. 차가운 술인 경우에는 글라스의 목 부분을 잡는다.

343. 식전주는 너무 시간을 끌며 마시지 않는다.

344. 식전주는 한두 잔 정도로 끝내도록 하며 식사 전에 너무 많
     이 마셔 취하는 일이 없도록 한다.

345. 전채 요리는 식욕을 촉진키 위해 식사 전에 가볍게 먹는 요
     리로서 불어로는 '로르되브르'라고 한다.

346. 프랑스에서 메인 코스 전에 먹는 요리를 총칭하며 '앙뜨레'
     라고 하는 경우도 있다.

347. 서양 요리에서는 요리가 나오는 대로 바로 먹기 시작하는
     것이 매너이다.

348. 서양요리는 가장 먹기 좋은 온도일 때 서브되고 좌석 배치
     에 따라 상석부터 제공된다.

349. 서양에서 다른 사람과 함께 식사할 경우 윗분이 먼저 나이
     프와 포크를 잡은 후에 먹기 시작한다.

350. 여러 사람이 각각 다른 요리를 주문한 경우 요리가 나오는
     시간이 서로 다를 수 있으나 이때 식사의 시간은 조금씩
     달라도 되지만 끝내는 시간을 맞추도록 하는 것이 매너이
     다.

351. 전채 요리는 너무 많이 먹지 않는다.

352. 전채요리는 식사 전에 식욕촉진제와 같은 것으로 뒤에 나
     올 고기요리를 맛있게 먹기 위해 위액의 분비를 활발하게
     하는데 목적이 있다.

353. 메뉴와 전채 요리가 있다고 해서 반드시 전채를 먹어야 하
     는 것은 아니다.

354. 전채 요리의 캐비어는 색이 옅고 클수록 좋다.

355. 차가운 전채 요리의 대표적인 것은 캐비어(철갑상어의 알),
     푸아그라(거위의 간)가 없다.

356. 캐비어는 벨루가, 오세트라, 세브루가의 등급으로 나누어
     지며 벨루가가 1등급이다.

357. 기타 차가운 전채로는 생굴이나 훈제연어도 좋다.

358. 따뜻한 전채로는 파이, 또는 메스카르고(식용달팽이)가 맛이
     뛰어난 전채로 꼽힌다.

359. 비슷한 맛의 요리는 겹쳐서 먹으면 미각에 상쇄되기 때문
     에 나중 요리는 생략하는 것이 좋다.

360. 전채 요리로 나온 샐러리, 파스리, 양파, 당근 등은 손으로
     먹어도 된다.

361. 전채 요리로 나오는 생굴은 생굴용 포크를 관자 부분을 떼
     낸 후 떠서 먹는다.

362. 생굴은 레몬즙 또는 식초를 뿌려 먹으면 맛이 더욱 산뜻하

다.

363. 생굴 껍데기에 남아있는 즙은 그대로 입에 대고 마시면 된
다.

364. 식당에서 생굴을 주문하면 6개 또는 12개가 1인분이다.

365. 미국에서 진한 수프(Soup)를 포타주, 맑은 스프를 콘소메
라 한다.

366. 수프용 스푼은 펜을 잡듯이 잡는다.

367. 수프를 먹을 때는 자기 앞쪽에서 바깥쪽으로 하여 떠먹는
미국식과 반대로 바깥쪽에서 앞쪽으로 먹는 유럽식이 있
다.

368. 수프를 먹을 때는 스푼에서 국물이 떨어지더라도 접시중앙
에 떨어지도록 접시 가장자리에서 벗어나지 않는 곳에 멈
추도록 한다.

369. 뜨거운 수프인 경우에는 스푼으로 조금 맛을 본 후 너무 뜨
거우면 스푼으로 저어서 식힌 다음 먹도록 한다.

370. 수프를 뜨겁다고 입으로 불어가며 먹는 것은 좋지 않다.

371. 수프를 먹을 때는 소리를 내면서 먹어서는 안 된다.

372. 한번 스푼으로 뜬 수프는 한번에 먹어야 하며 조금씩 나눠
마시지 않도록 한다.

373. 손잡이가 없는 수프 컵의 경우는 손으로 들고 마셔도 된다.

374. 양쪽에 손잡이가 달려 있는 경우는 양손으로 잡아 입으로

마시듯 먹는다.

375. 수프 컵 속에 스푼을 넣은 채 마시거나 컵을 든 상태에서
     스푼으로 떠먹는 것은 매너가 아니다.

376. 빵은 수프를 먹고 나서 먹기 시작한다.

377. 빵은 디저트를 들기 전에 끝내는 것이다.

388. 빵은 요리의 맛이 남아 있는 혀를 깨끗이 하여 미각에 신선
     미를 주기 위한 것이다.

389. 빵 접시는 왼쪽에 놓는다.

390. 점심과 저녁식탁 에는 빵에 버터만 제공된다.

391. 오른쪽에서 있는 빵 접시를 사용하거나 빵 접시를 중앙에
     옮겨 놓고 먹지 않도록 한다.

392. 빵은 나이프로 자르지 않는다.

393. 빵은 자신의 손으로 가져와 먹는다.

394. 빵은 여성에게 먼저 건네는 것이 매너이다.

395. 빵은 나이프나 포크를 이용해 먹지 않는다.

396. 빵은 적당량을 손으로 떼어 먹는다.

397. 빵은 빵 접시 위에서 손으로 잘라 부스러기가 테이블 위에
     떨어지지 않도록 한다.

398. 토스트의 경우 나이프를 이용해 자른다.

399. 토스트, 크르아상, 브리오슈 등은 조식용 빵이므로 만찬회
     장에서 요구하는 것은 실례이다.

400. 버터는 1인용 또는 2인용으로 제공될 때가 있는데 2인용
    의 경우 나이프로 빵 접시에 한 조각 옮긴 다음 사용한다.

401. 유럽인들은 "와인 없는 식탁은 태양 없는 세상과 같다"고
    표현을 잘한다.

402. 와인이 처음 문헌에 등장한 것은 B.C1700년경의 바빌로
    니아 함무라비법전에서이다.(술버릇이 나쁜 자에게는 와인을 판
    매하지 못한다.)

403. 와인은 제법에 의해 분류하거나 색깔에 의해 분류한다.

404. 제법에 의한 분류도 비발포성 와인으로 보통 식탁에 올라
    가는 와인을 테이블 와인이라고 한다.

405. 발효성 와인으로 1차 발효 후 2차 발효된 탄산가스를 함유
    시킨 것을 보통 샴페인이라고 한다.

406. 샴페인은 프랑스 북부의 상파누 지방에서 생산되는 스파클
    링 와인에 붙여진 이름이다.

407. 와인을 제조하는 과정에 알코올 도수가 높은 지방의 브랜
    디 혹은 독특한 향신료, 약초 등을 첨가해 만든 것은 주정
    강화 와인이다.(이탈리아- 마르살라, 포르투칼 - 마테이라)

408. 색깔에 의한 와인의 분류로 백색, 적색, 핑크색, 옐로우 와
    인 등이 있다.

409. 와인은 단맛 정도에 따라 드라이와 스위트로 구분된다.

410. 와인은 숙성기간에 따라 young wine 과 old wine으로

구분된다.

411. 와인 선택의 4가지 포인트는 산지, 수확연도, 브랜드명,
요리와의 조화이다.

412. 적색 버건디 와인은 암호색으로 남성적이다.

413. 적색 보르도 와인은 여성적이다.

414. 부르고뉴 와인은 프랑스 동부의 론강 상류 유역과 센강 지
류 유역에서 생산되는 와인이다.

415. 스위스의 와인은 대부분 백색와인이다.

416. 독일 와인에는 라인와인과 모젤와인이 있다.

417. 와인은 요리와의 조화를 고려하여 선택돼야 한다.

418. 전채에는 식욕을 촉진시켜주는 드라이한 백포도주나 세리
가 좋다.

419. 닭 요리 등에는 백색 와인이 좋다.

420. 맛이 진한 육류 요리에는 적색 와인이 좋다.

421. 소고기, 돼지고기 등 가축류에는 부드러운 보르도가 좋다.

422. 사슴, 멧돼지, 산양, 꿩 등 야생동물이나 조류에는 맛이 가
한 버건디가 좋다.

423. 와인이 두 종류 이상의 경우 맛이 담백한 라이트(light)한
와인부터 시작 맛이 강한 헤비(Heavy)한 와인 순서로
마신다.

424. 같은 상품의 와인인 경우 연대가 빠른 것(young wine)에

서부터 오래된 것(old wine)순서로 마신다.

425. 드라이 와인에서 스위트 와인으로 화이트 와인에서 레드 와인으로 차가운 와인에서 차갑지 않은 와인 순서로 마신다.

426. 일반적으로 이탈리아 요리에는 이탈리아 와인을 스위스 요리에는 스위스 와인을 마시는 것이 잘 어울린다.

427. 와인은 해당 요리와 함께 시작해 그 요리와 함께 끝낸다.

428. 와인은 디저트가 나오기 전까지 마신다.

429. 와인은 앙금이 일어나지 않게 따른다.

430. 와인을 테이블 위에 놓을 때 와인 받침대에 상표가 위로 오게 하여 눕혀 놓는다.

431. 와인을 마실 때 온도는 적색 포도주의 경우 17℃~20℃에 마신다.

432. 백색 포도주의 경우 10℃~12℃ 정도로 차게 해서 마시는 것이 상식이다.

433. 와인은 종류에 따라 사용하는 글라스가 다르다.

434. 와인에 대한 시음은 남성(Host)이 한다.

435. 와인은 호스트가 글라스에 와인을 $\frac{1}{4}$ 정도 따른 후 시음해 보고 O.K를 주면 웨이터가 손님께 서브한다.

436. 와인의 서브는 와인 전문가인 소믈리에(Sommelier)가 한다.

437. 와인의 시음(Wine tasting)은 시각(Sight), 후각
     (Smell), 미각(Taste)의 세 감각기관을 동원한다.

438. 백색 와인은 초록빛이거나 담황색이어야 한다.

439. 적색 와인은 처음에는 자줏빛이었다가 숙성이 진행되면 루
     비나 석류빛을 띤다.

440. 숙성이 짧은 와인일수록 색깔이 선명하고 오래된 와인일수
     록 색깔이 진하다.

441. 와인은 침전물이 없어야 한다.

442. 와인의 향기는 질을 나타낸다.

443. 부패된 와인은 코르크마개가 썩는 냄새나 식초냄새가 난
     다.

444. 와인은 단맛, 쓴맛, 신맛, 떫은맛 등 4가지 맛이 균형과 조
     화를 이루어야 맛이 있다.

445. 주인이 여성일 경우 동석한 남성에게 시음을 부탁한다.

446. 시음이 끝난 후 와인 서브 순서는 최초 상석의 여성에게 한
     후 다음은 시계바늘이 도는 방향으로 여성에게만 한다.

447. 여성들에게 서브가 끝난 후 남성 중 상석의 손님부터 같은
     순서로 남성에게 따라준다.

448. 와인은 공기와 결합시킨 후 마신다.

449. 적색와인은 산소와 결합되면 더 활력이 생긴다.

450. 적색와인은 마시기 30분 혹은 1시간 전에 마개를 빼두면

맛이 더욱 좋아지는데 이것을 전문용어로 Breathing이라고 한다.

451. 와인을 마시기 전에 반드시 냅킨으로 입을 닦는다.

452. 와인을 마실 때 여성의 경우 입술의 루즈가 잔에 묻지 않도록 주의한다.

453. 만약 여성 입술의 루즈가 와인글라스에 묻으면 엄지손가락으로 즉시 닦으면서 마신다.

454. 와인글라스에 지저분한 것이 묻지 않도록 하기 위해 음식물을 입에 넣은 채 와인을 마시지 말아야 한다.

455. 와인을 요리와 함께 마시면서 입에서 섞이게 되면 와인 특유의 섬세한 풍미가 없어져 버린다.

456. 요리와 와인의 궁합이란 혀에서 코로 빠져나오는 향과 풍미에서 느끼는 맛의 조화를 의미한다.

457. 맥주는 기본적으로 정식 만찬석상에서는 마시지 않는 것이 예의이다.

458. 맥주는 목마를 때 마시는 물과 같은 것이다.

459. 맥주는 식전주보다 식사 중에 조금씩 물 대신 마시는 것이 이상적이다.

460. 맥주의 생명은 거품에 있으므로 거품이 2~3㎝되게 따르는 것이 이상적이다.

461. 맥주를 마실 때는 거품이 없어지기 전에 마시되 거품 속에

있는 맑은 맥주를 마시고 거품은 위에 계속 남아있도록 한
다.

462. 맥주는 6℃~9℃로 차가울 때 제일 맛이 좋다.

463. 와인을 따라줄 때 글라스를 들어올리거나 기울이지 않는
다.

464. 웨이터나 호스트가 따라주는 음료나 주류를 사양할 때는
따르려 할 때 글라스 가장자리에 가볍게 손을 얹어 그만
되었다는 표시를 하면 된다.

465. 테이블 매너에서 글라스를 엎어놓는 것은 금기시 되어 있
다.

466. 건배용 샴페인은 마시지 않더라도 조금만 따라놓도록 한
다.

467. 와인을 주문할 때에는 빈티지차트(Vintage Chart)를 참
고한다.

468. 빈티지차트는 주로 프랑스와인을 수확 연도별로 산지별로
등급을 표시해 놓은 표를 말한다.

469. 와인의 등급은 오래된 연도순에 따르는 것이 아니라 수확
한 해의 날씨 즉 일조량, 일사량, 강우량, 온도, 습도, 바
람 등에 따라 결정된다.

470. 포도는 나무에 꽃이 피고 나서 포도가 익을 때까지 100일
간의 날씨가 가장 중요하다.

471. 생선을 먹을 때 간혹 가시를 모르고 먹은 경우 왼손으로 입
     을 가린 후 포크 또는 오른손으로 살짝 빼내어 접시가장자
     리에 올려놓는다.

472. 생선 뫼니에르에 놓여있는 레몬은 나이프로 눌러 즙을 낸
     다.

473. 즙을 짠 레몬은 접시 한쪽에 놓는다.

474. 생선 프라이나 석쇠구이 등의 요리에도 레몬이 곁들여지는
     데 이때는 레몬을 오른손의 엄지, 중지, 집게손가락을 이
     용, 즙을 내어 생선 위에 뿌린다.

475. 생선 요리는 살이 무르기 때문에 포크만으로 먹어도 된다.

476. 그라탕 요리는 접시가 뜨거우므로 손으로 접시를 잡는 일
     을 삼간다.

477. 생선 그라탕은 대개 포크를 먹는다.

478. 새우는 껍질을 떼어내고 나서 먹는다.

479. 남 프랑스의 명물 요리인 부이야베스는 포크, 나이프, 스
     푼을 사용해 먹는다.

480. 소스가 나올 때까지 요리에 손을 대지 않는다.

481. 묽은 소스는 요리에 직접 뿌리고 진한 소스는 접시 한쪽에
     덜어 놓아 조금씩 찍어 먹도록 한다.

482. 스테이크의 으뜸은 안심 스테이크 중 최고급의 스테이크
     앞쪽 넓은 부분의 안심을 이용해 만든 샤토브리앙이다.

483. 스테이크 참 맛은 육즙에 있다.

484. 스테이크를 주문할 때 Rare는 약간 구운 것으로 표면만 구워 중간은 붉은 생고기 그대로이다.

485. 스테이크의 중심부가 핑크인 부분과 붉은 부분이 섞여 있는 상태로 Rare보다 좀더 구운 것을 Medium rare라고 한다.

486. 스테이크의 중심부가 모두 핑크빛을 띠는 정도로 중간 정도 구운 것을 Medium이라고 한다.

487. 스테이크의 표면이 완전히 구워지고 중심부도 충분히 구워져 갈색 띤 상태로 완전히 구운 것을 Well done이라고 한다.

488. 스테이크는 적게 구울수록 육즙이 많아 고기의 참 맛을 즐길 수 있다.

489. 고기는 반드시 종(縱)으로 자른다.

490. 고기를 먹을 때는 오른손에 나이프, 왼손에 포크를 쥐도록 하며 고기의 왼쪽을 포크로 고정시켜 나이프로 먹기 좋을 만큼씩 잘라가며 먹는다.

491. 고기가 손님에게 제공될 때는 고기의 결이 위에서 아래를 향하도록 담게 되기 때문에 스테이크를 자를 때는 종(縱)으로 잘라먹는다.

492. 미트 파이의 껍질은 포크로 자르지 않는다.

493. 미트파이는 푹 삶아 맛을 낸 고기를 파이 껍질로 싸서 오븐
     에 구운 것이다.

494. 파이의 껍질은 나이프와 포크로 때내어 내용물인 고기와
     함께 잘라먹는 것이 좋다.

495. 옥수수는 손으로 먹어도 된다.

496. 식기를 사용하지 않고 손으로 먹어도 되는 요리를 핑거푸
     드(Finger food)라고 한다.

497. 샐러드로 나오는 아티코크도 손으로 먹는다.

498. 나이프나 포크로 먹기 불편한 살짝 데친 새우는 손으로 먹
     는다.

499. 베이컨은 바삭바삭하게 튀긴 크리스피(crispy)도 손으로
     먹는다.

500. 콩을 포크로 뜰 때 빵을 이용한다.

501. 구운 감자의 껍질은 먹어도 된다.

502. 소금이나 후추는 무턱대고 뿌리는 것이 아니며 한두 번 먹
     어본 다음 취향에 맞게 뿌리도록 한다.

503. 프랑스의 일류 레스토랑에서는 요리의 맛이 제일 좋을 때
     음식을 내는 전통이 있어 함부로 조미료를 뿌리는 사람은
     매너 없는 사람으로 여겨질 수 있다.

504. 샐러드와 고기요리는 번갈아 가며 먹는다.

505. 일품요리를 주문할 때는 샐러드도 함께 주문하도록 한다.

506. 고기는 산성이 강한 식품이고 야채는 알카리성이 강한 식
     품이므로 중화시킬 수 있는 영양적 의미가 중요하다.
507. 셀러드에 사용되는 소스를 드레싱(Dressing)이라고 한
     다.
508. 드레싱 유래는 소스로 뿌려진 모습이 여성의 드레스 입은
     모습과 같다고 해서 생겨난 말로 전해진다.
509. 드레싱은 프렌치 드레싱류와 마요네즈 소스류로 구분된다.
510. 프렌치 드레싱은 초를 이용해 만든 소스로 생야채, 생선,
     과일, 치즈 등 산뜻한 샐러드에 어울린다.
511. 마요네즈 소스는 진한 맛을 낼 때 사용되는데 샐러드를 양
     이 많은 일품요리로 먹을 때 사용된다.
512. 영미인들은 샐러드를 고기 요리와 같이 먹거나 그전에 먹
     는 반면 프랑스 사람들은 고기요리가 끝난 다음에 먹는 습
     관이 있다.
513. 샐러드는 포크만으로 먹어도 된다.
514. 프렌치 드레싱의 경우는 샐러드 위에 직접 뿌리지만 마요
     네즈 소스는 접시 한쪽에 놓아 조금씩 찍어가며 먹도록 한
     다.
515. 프랑스에서는 디저트 전에 치즈를 먹는다.
516. 치즈는 나이프와 포크가 따라 나오지만 포크로만 먹어도
     무방하다.

517. 치즈에는 적포도주와 겉이 딱딱한 프렌치 빵이 잘 어울린다.

518. 프랑스 치즈는 하드(Hard)치즈와 소프트(Soft)치즈로 구분된다.

519. 디저트로는 과자나 케이크, 과일 등이 나온다.

520. 디저트(Dessert)란 불란서어의 데세르비르(Desservir) 유래된 용어로 "치우다, 정리하다."라는 의미이다.

521. 디저트용 과자는 프랑스어로 "앙트르메(Entremets)라고 한다.

522. 단어의 합성어로 원래 고기 요리와 찜 구이 요리 사이에 나오는 빙과류를 일컫는 말이 있다고 한다.

523. 오늘날 앙트르메는 빙과류를 포함한 달콤한 과자 전부를 가리키는 의미로 사용되며 영어로는 스위트(Sweet)라고 한다.

524. 서양요리에서 디저트용 과자는 달콤한 것으로 부드러워야 한다.

525. 쿠키 등 마른 과자는 조식의 빵 대신 혹은 오후에 차를 마실 때 먹도록 한다.(쿠키 : 단맛이 나는 웨딩 케이크)

526. 디너의 따뜻한 디저트로는 푸딩이 있다.

527. 차가운 디저트로는 아이스크림과 셔벗이 있다. (셔벗=과일 즙+꿀)

528. 디저트로 수분이 많은 과일은 스푼으로 먹는다.

529. 디저트로 사과나 감 등 수분이 적은 것은 나이프나 포크를
    사용한다.

530. 디저트로 포도 등 작은 것은 손으로 먹는다.

531. 디저트로 멜론이 반달형으로 잘라 제공된 경우 왼손으로
    껍질 부분을 누르고 오른손의 스푼으로 오른쪽부터 떠서
    먹는다.

532. 디저트로 먹기 좋게 칼로 잘라 껍질 위에 알맹이를 올려놓
    아 나온 것은 포크를 하나씩 먹는다.

533. 씨는 미리 스푼 등으로 발라내지 않고 입 속에서 발라내어
    스푼에 뱉어 접시 위에 놓는다.

534. 그레이프 푸르트는 스푼으로 먹는다.

535. 딸기는 하나씩 스푼으로 먹는다.

536. 포도씨와 껍질은 손바닥 안에 뱉어 살짝 접시 위에 놓는다.

537. 포도는 왼손으로 송이를 잡고 오른손으로 한 알씩 따서 먹
    는다.

538. 포도를 먹을 때 한번에 몇 알씩 먹는 것은 보기에 좋지 않
    다.

539. 포도는 알맹이를 손바닥 위에 놓고 주먹 쥐듯 하여 포도가
    입으로 들어가는 것이 보이지 않도록 한다.

540. 밀감은 꼭지가 없는 쪽부터 껍질을 까서 한 알씩 떼어먹는

다.

541. 핑거볼은 손가락 끝만 닦는 것이므로 손을 푹 담그는 것을
     삼간다.

542. 핑거볼에서는 한 손씩 교대로 손을 씻는다.

543. 포도나 살구 등을 먹고 즙이 손에 묻은 경우 냅킨으로 닦지
     말고 핑거볼에 손을 씻도록 한다.

544. 아이리쉬 커피는 식후주의 대용으로도 좋다.

545. 아이리쉬 커피란 이일리쉬 위스키를 넣은 후 생크림을 얹
     어 마시는 것으로 식후주와 커피를 동시에 즐기는 커피이
     다.

546. 커피 잔의 손잡이는 엄지와 인지로 가볍게 쥐는데 손가락
     을 방아쇠를 당기는 것처럼 손잡이에 끼워서는 안 된다.

547. 커피는 70℃ 정도의 온도일 때 가장 맛이 있다.

548. 커피가 뜨겁다고 입으로 불어가며 마시지 말고 시간을 두
     고 약간 식어지면 마신다.

549. 커피 잔에 설탕이나 프림을 넣고 너무 오래 젓지 않는다.

550. 커피를 마실 때 소리가 나지 않도록 한다.

551. 홍차나 녹차의 티백(Tea Bag)은 컵의 뒤쪽에 가로로 놓
     는다.

552. 양식에서 식후주는 크게 브랜디(Brandy)류와 리큐어
     (Liqueur)로 나뉘어진다.

553. 브랜디는 남성이, 리큐어는 여성들이 즐겨 마신다.

554. 리쿠어는 당도가 있고 아름다운 술로 식후에 여성들이 주로 마시는 매혹적인 양주이다.

555. 코냑을 마실 때는 잔을 흔들어 코냑이 안에서 파도치게 한 후 둘째와 셋째 손가락으로 잔을 잡고 손바닥의 온기로 코냑을 데우면서 아주 조금씩 색과 향, 맛을 눈과 코와 혀로 음미하면서 마신다

556. 공식만찬에서의 건배는 보통 디저트 후 인사를 하기 전에 한다.

557. 건배시는 주로 샴페인을 많이 사용하는데 술을 못 하는 여성이라도 잔에 소량이라도 부어 함께 건배에 응한다.

558. 건배는 Toast Master가 하게 되는데 모임의 성격에 따라 연회의 주최자, 사회자, 주빈 중에서 한 명을 선정하여 실시한다.

559. Toast Master의 지위가 높은 경우에는 참석자 모두 일어나 건배를 해야 한다.

560. Toast Master의 지위가 낮거나 친분 있는 사람의 모임인 경우에는 그대로 앉아 해도 무방하다.

561. Toast Master 가 건배를 제의하면 손님들은 자리에서 일어나 잔을 얼굴 높이까지 치켜들고 "To…(~를 위하여)"라고 하면서 샴페인을 마신다.

562. 식사 중에 실수를 범했을 경우 직접처리 하지 않고 웨이터
　　　나 지배인을 불러 도움을 청한다.

563. 웨이터를 부를 때는 큰소리로 부르거나 손바닥을 치는 행
　　　위를 삼가고 조용히 오른손을 들어주는 것으로 신호를 보
　　　낸다.

564. 손님의 실수를 보았더라도 모르는 척하는 것이 예의이다.

565. 실수로 변상이 필요한 경우에는 당연히 변상을 해야 하며
　　　다음날 꽃 등을 가지고 직접 호스테스를 방문해 사과하도
　　　록 한다.

566. 요리가 나오면 맛도 보지 않고 소금과 후추를 뿌리는 일을
　　　삼간다.

567. 조미료가 멀리 놓여 있을 경우 손을 뻗어 직접 가져오지 말
　　　고 옆 사람에게 부탁해 건네 받도록 한다.

568. 술이나 음료 등을 거절할 때는 'No thanks'라고 말하는 것
　　　이 좋다.

569. 음식이나 음료를 남기는 것은 주최자에 대한 커다란 실례
　　　이다.

570. 식사는 다른 사람과 보조를 맞추어 먹어야 한다.

571. 호스트나 호스테스는 상석의 손님과 보조를 맞추어 손님들
　　　보다 빨리 먹어서는 안 된다.

572. 베이컨은 아침 식사시 먹는 말랑말랑한 것은 포크로 먹지

만 물기가 전혀 없는 것은 손으로 먹는다.

573. 버터를 바를 때는 버터나이프를 이용한다.

574. 치즈는 나이프나 포크 중 어느 것으로라도 바를 수 있다.

575. 체리 토마토가 생채요리나 다른 요리에 섞여 나올 때를 제
     외하고는 손으로 먹는다.

576. 삶은 자두나 버찌 등을 먹을 때는 스푼으로 먹는다.

577. 씨는 입 속에서 살을 발라먹은 후 스푼에 뱉어 접시 한쪽에
     놓는다.

578. 피자는 나이프를 이용해 삼각형으로 자른 후 집어먹는다.

579. 스파게티는 왼손의 스푼에 오른손의 포크를 대고 스파게티
     를 감아서 먹는다.

580. 차가운 샌드위치는 손으로 집어서 먹고 뜨거운 것은 포크
     나이프를 사용한다.

581. 에그 스탠드에 올려진 삶은 계란은 위 부분을 벗겨낸 다음
     티스푼으로 조금씩 떠서 먹는다.

582. 무심코 먹은 음식이 너무 뜨거울 때는 물을 마신다.

583. 부득이한 사정으로 음식을 뱉을 경우에는 종이 냅킨에 싸
     서 그릇의 한쪽에 놓는다.

584. 생선가시가 잘못하여 목에 걸렸을 때는 실례하겠다고 말하
     고 식탁에서 물러 나와 처리한다.

585. 재채기, 기침이 갑자기 나왔을 때는 손수건으로 입과 코를

가리도록 한다.

586. 기침이 계속 나올 경우 실례한다는 말로 양해를 구하고 식
    탁에서 나오도록 한다.

587. 땀이 날 경우 냅킨으로 닦지 않는다.

588. 냅킨으로는 절대 코를 풀지 않는다.

589. 서양에서 식사시 절대로 트림을 해서는 안 된다.

590. 식사 중에는 이쑤시개를 사용해서는 안 된다.

591. 식탁에서는 머리를 긁지 않는다.

592. 식탁에서 팔꿈치를 괸다거나 다리를 꼬지 않는다.

593. 식탁에서 떨어진 포크나 나이프는 직접 줍지 않는다.

594. 식탁에서 손에 든 나이프나 포크는 세워 잡지 않는다.

595. 식탁에서 나이프를 입에 대지 않는다.

596. 식탁에서 식기를 움직이지 않는다.

597. 식탁에서 식사가 끝났다고 식기를 포개 놓는다거나 한쪽으
    로 치워놓지 않는다.

598. 식탁에서 음식을 먹을 때는 입을 다물어 소리가 나지 않도
    록 한다.

599. 식탁에서 음식물을 넣은 채 말하지 않는다.

600. 식탁에서 입안에 음식물을 넣었을 때 옆에서 말을 걸어오
    면 음식을 삼킨 후 양해를 구하고 대답한다.

601. 식탁에서 입 속에 음식물이 있을 때 음료를 마시거나 다른

음식물을 먹지 않는다.

602. 식탁에서 식기가 더럽다고 냅킨으로 닦지 말고 웨이터를
불러 새로운 것으로 바꿔 달라고 한다.

603. 식탁에서 잔이나 컵에 스푼을 꽂아 두지 않는다.

604. 식탁에서 메인코스가 끝날 때까지는 담배를 삼간다.

605. 식탁에서 재떨이가 놓여 있는 것은 식사 중에 언제라도 담
배를 피워도 무방하다는 것은 무언의 허가이다.

606. 식탁에서 식사 중 담배를 피우고 싶을 때는 옆의 여성에게
양해를 구하기보다는 그 여성에게 담배를 권해 본다. 여성
이 담배를 피우겠다고 할 경우에는 반드시 담뱃불을 붙여
주는 것이 예의이다.

607. 시가나 파이프 담배의 경우 만찬석에서는 결코 부인 앞에
서 피우지 않는다.

608. 호스테스는 손님들의 동정을 살펴 담배를 권할 시기를 놓
치지 않도록 주의를 기울인다.

609. 여성과 서서 이야기를 주고받을 때는 담배를 피우지 말아
야 한다.

610. 기차, 자동차 안에서의 흡연은 동승한 여성의 양해를 구해
야 한다.

611. 엘리베이터 안에서는 담배를 피우지 않는다.

612. 초대장에 사용되는 R.S.V.P(Repondez s'il vous plait)

는 「회답을 바랍니다」의 뜻이다.

613. 초대장에 Regrets only는 참석치 못할 경우에만 회신을
    달라는 의미이다.

614. 초대장에 Black Tie는 턱시도 차림을 의미한다.

615. 초대장에 White Tie라고 씌어 있는 것은 연미복 차림을
    의미한다.

616. 초대장을 받았을 때 미국에서는 24시간 이내에 하는 것이
    에티켓이다.

617. 초대장에 R.S.V.P라는 표기가 없어도 회신을 보내는 것
    이 에티켓이다.

618. 영국의 경우 공식연회의 초대장 발송시기는 연회의 규모에
    따라 다르다.
    ① 8~10인 규모는 10~18일전
    ② 12~18인 규모는 2주~3주전
    ③ 20~30인 규모는 3주전

619. 초대장의 발송을 특별한 사정이 없는 한 10일 전후가 일반
    적이며 늦어도 1주일 전까지 발송해야 한다.

620. 전화로 초청시 에티켓으로 사교상의 경의 'Thank you'로
    끝낸다.

621. 상급자나 여성에게 전화를 할 때는 상대방이 나오기 전에
    반드시 수화기를 들고 있어야 한다. 이야기가 끝난 때에도

상대방이 전화를 끊은 것을 확인하고 나중에 수화기를 놓
는다.

623. 초대장에 대해서는 가능한 한 빨리 회답하는 것이 에티켓
이다.

624. 부부가 초대받아 그중 한 명에게 문제가 있을 경우 모두 불
참하는 것이 에티켓이다.

625. 초대를 승낙한 다음에는 번복하지 않는 것이 에티켓이다.
(단, 본인의 전염병, 출장 등 공적행사, 가정내의 불상사 발생시는 번
복의 이유가 된다.)

626. 정식 연회에서는 어느 나라에서건 프랑스요리를 내는 것이
관습으로 되어 있다.

627. 정식만찬회에서는 식당으로 들어갈 때 남성이 여성의 오른
손을 끼고 좌석까지 안내해 주는 것이 에티켓이다.

628. 남녀 파트너로 호스트는 주빈의 부인과 짝을 이루며 호스
테스는 주빈과 짝을 이루게 된다.

629. 연회석에 벽난로가 있는 경우 그쪽이 상석이며 입구부분이
말석이다.

630. 연회석에 벽난로가 없는 경우 입구 쪽이 말석이며 그 반대
쪽이 상석이다.

631. 연회석에서 입구 반대쪽에 상석으로 적합지 않은 방에서는
정원을 바라보는 쪽이 상석이며 등진 쪽이 말석이다.

632. 부부동반 연회인 경우에는 식탁의 중심부에 벽난로를 뒤로

하여 호스테스가 앉고 그 앞에 호스트가 앉는 것이 원칙이
다.

633. 남자들만의 연회인 경우에는 호스테스의 자리가 주빈의 자
리가 된다.

634. 호스테스의 좌석이 결정되면 손님의 좌석을 서열에 따라
배치하는데 영미식과 유럽식이 있다.

635. 유럽식 좌석배치 서열은 호스테스의 오른쪽을 제1서열의
남성손님의 좌석으로 왼쪽을 제2서열의 남성손님의 좌석
으로 한다.

636. 유럽식 좌석배치 서열에서 호스트의 오른쪽을 제1서열의
여성손님의 좌석으로, 왼쪽은 제2서열의 여성손님의 좌석
으로 한다.

637. 유럽식에서 제1서열의 남성손님의 오른쪽을 제3서열의 여
성손님의 좌석으로, 제2서열의 남성손님 왼쪽을 제4서열
의 여성손님 좌석으로 한다.

638. 유럽식에서 제1서열의 여성손님의 오른쪽을 제3서열의 남
성손님 좌석으로 제2서열의 여성손님의 왼쪽을 제4서열
의 남성손님의 좌석으로 한다.

639. 영미식 좌석배치 서열은 호스테스, 호스트의 좌석을 식탁
의 양쪽 끝으로 한다.

640. 영미식에서 상석에는 주로 호스테스가 앉는다.

641. 영미식에서 호스테스의 오른쪽에 제1서열의 남성손님이,
왼쪽에 제2서열의 남성손님이 앉는다.

642. 영미식에서 호스트의 오른쪽에 제1서열의 여성손님, 왼쪽
에 제2서열의 여성손님이 앉는다.

643. 테이블에서 부부가 나란히 앉는 것은 반드시 피한다.

644. 테이블에서 부부가 정면으로 바라보고 앉는 것은 되도록
피한다.

645. 테이블의 양끝에는 가능한 한 기혼여성은 피하고 남성이
앉도록 한다.

646. 테이블에서 기혼자가 미혼자보다 우선하는 것이 원칙이므
로 미혼여성은 기혼여성보다 말석에 앉는다.

647. 리셉션홀은 고객을 제일 먼저 맞이하는 장소이므로 모든
준비에 만전을 기해야 한다.

648. 테이블에서 냅킨은 식탁보와 같은 재질의 것을 사용한다.
(크기는 사방 50cm 정도가 표준)

649. 테이블장식을 할 때 주의사항으로 마주한 사람의 얼굴이
가리지 않도록 한다.

650. 테이블 장식을 할 때 대화에 방해가 되지 않도록 한다.

651. 테이블 장식을 할 때 서비스에 장애가 되지 않도록 한다.

652. 테이블 장식을 할 때 향기가 짙은 꽃은 장식하지 않는다.

653. 테이블에서 아무리 코스가 많아도 나이프와 포크는 한 번

에 3개 이상 세팅하지 않는다.

654. 테이블에서 나이프와 포크는 바깥쪽의 것부터 안쪽으로 차
    례대로 사용한다.

655. 테이블에서 디저트용 스푼과 포크, 과일용 나이프와 포크
    는 일단 테이블을 정리한 후 새롭게 배열하게 되어 있는데
    중앙에서 가까운 쪽이 디저트용, 먼 쪽이 과일용이다.

656. 테이블에서 빵 접시는 왼쪽에 놓는다.

657. 손님의 외투나 소지품 등을 맡아두는 곳을 클로크룸(Cloak
    Room)이라 한다.

658. 리셉션홀로 들어갈 때는 함께 온 부인과 동시에 들어간다.

659. 초대받은 손님의 도착 시간은 5~7분전이 이상적이다.

660. 손님으로서 거실로 들어갈 때는 반드시 부인을 앞세우고
    들어간다.

661. 손님을 맞이할 때 거실 입구에서는 호스테스가 입구 가까
    운 쪽에 서서 제일 먼저 고객을 맞이하고 호스트는 조금
    떨어진 곳에서 손님의 인사를 받는다.

662. 손님으로서 거실로 들어오면 먼저 들어온 손님과 인사를
    나누고 여성은 거실에 앉아도 되지만 남성은 호스테스가
    서 있는 동안에는 서 있는 것이 에티켓이다.

663. 거실에서 여자손님은 가까운데 있는 사람과는 악수를 하지
    만 먼데 있는 사람과는 목례만 하고 인사하기 위해 움직일

필요는 없다.

664. 거실에서 남성의 경우는 돌아다니며 인사를 해야 한다.

665. 인사를 나눌 때 동성끼리는 악수를 하지만 남녀간에는 여성이 먼저 악수를 청하지 않는 한 가벼운 목례 정도로 인사한다.

666. 대규모의 정식만찬회에서는 주최측이 손님을 맞이하기 위해 문 입구의 오른쪽(문 밖에서 보아 왼쪽)에 호스트, 주빈, 호스테스, 주빈부인 순으로 서 있게 되는데 이를 리시빙라인(Receiving Line)이라고 한다.

667. 주인은 손님과 악수하면서 간단한 인사를 나눈 후 주빈에게 손님을 소개한다.

668. 리시빙라인에서는 아무리 가까운 사이라 해도 간단한 인사만 나누고 긴 대화는 피한다.

669. 리시빙라인은 보통 15~30간 정도만 유지한다.

670. 거실에서 손님을 소개할 때는 식사 전에 모든 손님을 소개하는 것이 에티켓이다.

671. 식사 파트너가 된 남녀에 대해서는 식사 전에 반드시 소개해 놓도록 한다.

672. 손님들이 다 오기를 기다리면서 약15~20분 정도 식욕을 돋우기 위해 식전주를 칵테일이나 세리주를 마신다.

673. 거실에서 식당으로 자리를 옮길 때 여자 손님들이 먼저 움

직이기 시작해 호스테스까지 들어가면 뒤따라 남성들이
들어가는 것이 에티켓이다.

674. 안내의 에티켓에 따라 입장하는 경우 호스트가 제1서열의
여성의 오른팔을 끼고 선두에서 입장하고 맨 마지막으로
호스테스가 제1서열의 남성과 함께 들어간다.

675. 식당의 의자에 앉거나 일어나 나올 때는 반드시 왼쪽으로
돌아 나오게 되어 있으며 여성이 앉고 난 후 남성이 앉는
것이 에티켓이다.

676. 식당에서 물러날 때는 호스테스가 주빈부인의 동정을 살핀
후 그만 일어나자는 신호를 한다.(호스트가 먼저 신호하는 것은
매너에 어긋난다.)

677. 식당에서 물러날 때 순서는 제1서열의 여성이 선두에 서서
나가며 마지막으로 호스테스에 이어 남성이 따라나간다.

678. 작별인사를 할 때는 주빈이 제일 먼저 한다.

679. 작별인사를 할 때 주빈이 없을 경우에는 호스트가 호스테
스의 오른쪽에 앉았던 손님이 먼저 작별인사를 한다.

680. 만찬은 대개 3시간~3시간 반 정도 지속되는 것이 보통이
다.

681. 부부의 경우 작별에 대한 신호는 부인이 하는 것이 원칙이
며 남성이 먼저 하는 것은 매너가 아니다.

682. 작별인사는 호스트와 호스테스, 그리고 가까이에 있는 지

인에게만 악수하고 멀리 떨어져 있는 사람에겐 가벼운 목
례로 한다.

683. 작별인사를 할 때 호스테스는 선 자리에서 그대로 받지만
호스트는 입구까지 손님을 전송하는 것이 예의이다.

684. 만찬에 참석했을 경우에는 행사 후 1주일 내에 주최자 부
부에게 감사의 표시를 한다.(명함 또는 편지)

685. 오찬은 대개 1시간~2시간 정도이다.

686. 조찬은 영국에서는 8시경부터, 미국에서는 7시 30분, 프
랑스에서는 8시 전후에 조찬을 갖는다.

687. 토스트는 살짝 구울 경우 라이트(Light), 많이 구울 경우
브라운(Brown)이라고 한다.

688. 뷔페(Buffet)는 그 형식에 따라 Sitting Buffet(테이블에
앉아서 식사) Standing Buffet(선 채로 식사), 칵테일 뷔페
(식사보다는 음료와 안주 위주의 간단한 뷔페)로 나눈다.

689. 뷔페식당에서는 전채 수프, 생선, 육류 디저트 순으로 먹
는다.

690. 뷔페식당에서 음식을 덜어올 때는 시계 도는 방향으로 나
가는 것이 원칙이다.

691. 뷔페식당에서 한 접시에 모든 코스의 요리를 담지 말고
코스별로 3~4회에 걸쳐 나누어 가져오도록 한다.

692. 칵테일 파티는 보통 오후 5시 이후에 개최하는 것이 보통

이다.

693. 칵테일 뷔페는 일반 칵테일 파티보다 늦은 오후 6시30
분~7시 사이에 시작하는 것이 보통이다.

694. 리셉션이란 원래 지위가 높은 정부의 공직자나 외교관이
공식적으로 베푸는 칵테일 파티에 한때 쓰던 용어이다.

695. 오늘날 리셉션이라고 하면 대부분 특정한 사람이나 중요한
일을 축하 또는 기념하기 위해 베푸는 공식적인 모임을 가
리킨다.

696. 리셉션에서 리시빙라인(문 밖에서 보아 왼쪽) 상의 순서는 ①
호스트 ② 주빈 ③ 호스테스 ④ 주빈의 부인 순이다.

697. 리셉션에서의 복장은 주최자 혹은 주빈의 신분과 개최 목
적에 맞는 복장을 착용하는 것이 에티켓이다.

698. 무도회에 참석할 때에는 반드시 예복을 입는다.

699. 무도회의 시작은 호스테스가 주빈에게 그리고 호스트가 주
빈의 부인에게 춤을 신청하는 것을 계기로 이루어진다.

700. 무도회에서 남성 에티켓으로 무도장내에서 담배를 삼간다.

701. 남성은 무도장을 가로질러 다니지 않는다.

702. 남성은 호스테스와 한번은 춤을 춘다.

703. 남성은 식사가 있었을 경우에는 호스테스, 주빈의 부인,
식탁의 좌우에 앉았던 여성들과 각각 춤을 춘다.

704. 부부동반의 경우에는 아내와 제일 먼저 추는 것이 에티켓

이다.

705. 남성은 소개받은 여성과도 춤을 춘다.

706. 남성은 휴식을 취하고 있는 여성에게 춤을 권하지 않는다.

707. 남성은 한 여성과 계속 춤을 추지 않는다.

708. 남성은 여성이 춤추고 있는 도중에는 신청하지 않는다.

709. 남성은 춤을 춘 후에는 반드시 "Thank you"라고 하며 인
사를 한다.

710. 남성끼리의 춤은 금물이다.

711. 남성은 야식을 먹으러 갈 때는 함께 춤을 끝낸 여성을 안내
한다.

712. 남성은 함께 춤을 춘 여성을 집까지 바래다주는 것이 예의
이다.

713. 여성은 한 남성의 춤을 거절하고 곧바로 다른 신청을 수락
하여 춤을 추어서는 안 된다.

714. 여성은 남성의 춤 신청에 응하고, 거절하는 것은 신중하게
해야 한다.

715. 여성은 같은 남성과 계속 춤추는 것을 삼간다.

716. 여성이 먼저 남성에게 춤을 신청하지 않는다.

717. 여성이 남성에게 야식을 먹으러 가자고 전해서는 안 된다.

718. 여성끼리 춤을 추지 않는다.

719. 여성과 함께 길을 걸을 때에는 남성이 바깥쪽(차도 쪽)에 선다.

720. 여성끼리 길을 걸을 때에는 연령 순으로 연장자가 안쪽에
     선다.
721. 길을 걸으며 담배 피운다든지 껌을 씹는 등의 행위는 삼가
     야 한다.
722. 길거리에서 큰소리로 멀리 있는 차주의 이름을 부르지 않
     는다.
723. 여성의 경우 길거리에서 화장을 고치거나 머리 모양을 바
     꾸는 행위를 삼간다.
724. 길거리에서 침을 뱉는 행위를 삼간다.
725. 길거리에서 알지 못하는 사람으로부터 질문이나 도움을 요
     청 받았을 때는 친절하게 안내해 준다.
726. 모르는 사람으로부터 호의를 받았을 경우에는 상황에 맞는
     적당한 인사말을 해야 한다.
727. 남성과 여성이 함께 버스나 자동차에 탈 때는 여성이 먼저
     탄다.
728. 자동차 내에서 좌석의 서열은 뒷자리 오른편이 제1석이다.
729. 자가운전 자가용이라면 운전석 옆자리에 최연장자가 앉는
     다.
730. 택시를 탔을 때 운전기사에게 지시하는 것은 여성의 역할
     이다.
731. 기차 내에서 휴지나 과일껍질 등을 바닥에 버린다거나 계

속 먹고 있는 행위를 삼간다.

732. 기차의 좌석은 창가 쪽이 상석이고 통로 쪽에 말석이다.

733. 기차의 침대차에서는 아래쪽의 침대가 상석이다.

734. 유람선에서는 여행이 거의 끝나갈 때 팁을 준다.

735. 대중교통 버스나 지하철에서는 여성이 먼저 편안히 탈 수 있도록 도와준다.

736. 승차 후에도 여성이 먼저 앉은 후 남성이 앉는 것이 예의이다.

737. 다른 승객이 동행한 여성에게 자리를 양보했을 경우 남성이 여성 대신 정중히 인사를 해야 하며 여성도 다시 가벼운 목례로 인사를 표한다.

738. 대중교통에서 내릴 때에는 남성이 먼저 내려 뒤에 내리는 여성을 도와주도록 한다.

739. 비행기는 상급자가 마지막으로 타고 최초로 내리는 것이 올바른 순서이다.

740. 비행기내에서 무거운 휴대품은 좌석 아래에, 가벼운 휴대품은 선반에 넣도록 한다.

741. 비행기내에서 자리에 앉고 나면 먼저 안전벨트를 착용한다.

742. 비행기내의 화장실에서 담배 피우는 것은 법으로 금지되어 있다.

743. 비행기내에서 금연을 한다.

744. 비행기내에서 속옷만 걸치거나 양말을 벗는 행위를 삼간
다.

745. 비행기내에서 신발을 벗은 상태에서 남에게 발이 보이도록
자세를 취하는 것을 삼간다.

746. 기내에서는 공간이 좁기 때문에 승객간의 예의를 시키는
것은 매우 중요하다.

747. 기내에서 식사가 제공되는 중에는 좌석 등받이를 바로 한
후 식사용 간이테이블을 이용하여 식사를 한다.

748. 기내에서 식사나 음료를 제공받았을 때는 승무원에게
"Thank you"라고 감사의 인사 표시를 하는 것이 에티켓
이다.

749. 기내 화장실에서 세면대는 가능한 한 짧게 사용하고 사용
후에는 물기를 닦아 깨끗이 해주는 것이 에티켓이다.

750. 엘리베이터는 안내원이 있을 때 손윗사람 혹은 여성이 먼
저 타고 먼저 내린다.

751. 엘리베이터 내에서 좋은 자리는 내부에서 오른쪽 구석이
다.

752. 계단을 올라갈 때는 남성이 앞서가지만 내려갈 때는 여성
이 앞서 내려가는 것이 에티켓이다.

753. 극장에서는 큰소리로 떠들거나 다른 관객에게 폐를 끼치는

행동을 삼간다.

754. 극장에서 남녀동반의 경우 자기 좌석으로 갈 때는 여성이 앞장서며 자리에 먼저 앉는다.

755. 극장 등에서는 외투를 클로크룸에 보관토록 한다.

756. 연극이나 연극이 완전히 끝나기 전에 외투를 입는 행위는 절대 삼간다.

757. 극장에 초대한 경우 잘 보이는 곳을 중심으로 여성은 나란히 앉히는 것은 좋지만 부부는 나란히 앉도록 하지 않는다.

758. 극장에 초대한 경우 양끝에 여성을 앉히는 것을 삼간다.

759. 극장에서 박스석 에서는 앞줄이 여성석, 뒷줄이 남성석이다.

760. 박수는 함께 해야 할 때 함께 하되 지나치게 눈에 띄도록 박수 치는 것은 삼간다.

761. 여성의 경우 교회에서는 모자를 쓴다.

762. 여성의 경우 만찬회에서는 모자를 벗는다.

763. 여성의 경우 오찬에서는 모자를 써도 무방하다.

764. 호스테스의 경우 오찬에서는 모자를 쓰지 않는다.

765. 남성의 경우 길거리에서 아는 사람을 만났을 때는 모자를 벗고 인사한다.

767. 남성의 경우 길거리에서 여성과 서서 이야기를 나눌 때 모

자를 벗어야 한다.

768. 남성의 경우 실외에서 소개를 받았을 때 모자를 벗어야 한다.

769. 남성의 경우 작별인사를 할 때 모자를 벗어야 한다.

770. 남성의 경우 길을 가다가 아랫사람으로부터 인사를 받았을 때는 모자를 잠깐 올린다.

771. 남성의 경우 선배나 목사를 만났을 경우 모자를 벗어야 한다.

772. 여성과 동반한 친구를 만났을 때에는 남성은 모자를 가볍게 들어올려 경의를 표한다.

773. 남성의 경우 동행한 사람이 아는 여성과 인사를 할 때 모자를 벗는다.

774. 아파트나 호텔의 엘리베이터에서 여성과 동승하게 되었을 때 남성은 모자를 벗는다.

775. 손님을 안내할 때는 안내할 장소 즉 목적지에 대한 전반적인 사항을 미리 습득해둔다.

776. 손님을 안내시는 단정하고 올바른 자세로 손님이 도착할 지점에서 미리 대기해야 한다.

777. 안내할 때는 손님이 중앙에 오도록 하고 안내자는 안내 방향에 따라 좌측, 또는 우측에서 손님보다 2~3보 앞쪽에 서서 목적지 방향을 손으로 가리키며 안내한다.

778. 손님 안내시 일정한 간격으로 안내를 받고 있는지 수시 확인하고 상황에 따라 적당한 인사말을 건네는 것도 좋다.

779. 안내 장소에 도착하면 좌석 안내 등을 간략히 확인 후 호스트 혹은 미리 도착한 손님에게 소개한다.

780. 호텔을 이용시는 사전에 객실 예약을 해야 한다.

781. 호텔 예약시는 성명, 성별, 도착일시, 비행기편, 출발예정일시, 연락처, 지불 방법 등에 대해 정확히 알려준다.

782. 외국의 고급 호텔에서 예약접수시 국제적으로 통용 가능한 신용카드의 번호를 미리 알려달라고 요구를 하기도 한다.

783. 호텔에 도착하면 프런트에 가서 등록카드(registration)를 작성한다.

784. 호텔에서 등록카드는 가족 동반의 경우를 제외하고 한 사람씩 작성하게 되어 있다.

785. 등록 카드에는 주소를 자세히 적어 호텔 체크아웃 이후에 배달된 서류나 우편물을 회송하는데 유용하도록 한다.

786. 호텔에 가족 동반의 경우에는 한 장에 함께 기입한다.

787. 호텔의 단골고객인 경우 익스프레스 체크인 (Express check-in)이라고 하여 예약시 호텔측 에서 미리 등록카드를 작성해 바로 객실로 안내하는 시스템도 운영하고 있다.

788. 호텔 프런트에서 객실배정을 받으면 벨맨이 고객의 짐을

들고 객실로 안내해 준다.

789. 호텔 객실에 도착하면 객실 내에 비치되어 있는 호텔이용
     안내책자를 이용한다.

790. 호텔에서 외출시는 객실 열쇠를 프런트에 맡기도록 한다.

791. 호텔의 객실 열쇠는 기능이 다양해져 일정장소에 놓아야만
     객실의 전원이 연결되는 등 부가기능을 부여해 활용하고
     있기도 한다.

792. 호텔 객실 내에 별도 샤워실이 없는 경우 샤워커튼을 이용
     욕조 안에서 샤워를 한다.

793. 호텔 욕조 안에서 샤워를 할 때는 커튼 끝이 욕조 안으로
     오게 한다.

794. 호텔 욕조 안에서는 찬물을 먼저 틀고 나서 더운물로 온도
     를 맞춘다.

795. 호텔 욕실에는 대개 3종류의 타월이 비치되어 있으므로 가
     장 작은 것을 이용 비누칠을 하고, 중간 것은 손과 얼굴을
     닦고 가장 큰 것은 몸의 물기를 닦는다.

796. 호텔객실 텔레비전에는 일반채널과 호텔자체에서 개설해
     놓은 채널의 두 가지가 있다.

797. 호텔객실 TV의 자체 채널 시청은 객실 내에 비치되어 있
     는 프로그램 안내서를 참고한다.

798. 호텔내에서 사용한 전화 요금은 자동으로 계산되어 체크아

웃시 지불하도록 되어 있다.

799. 호텔에서 전화를 이용한 시스템으로 아침에 깨워주는 모닝
콜(Morning Call)이라는 것이 있다.

800. 호텔에서 모닝콜이란 아침 원하는 시간에 교환에게 전화를
부탁해 전화벨소리에 깰 수 있도록 하는 것을 말한다.

801. 호텔객실 내에서 식사를 하고자 할 때는 룸서비스를 이용
한다.

802. 룸서비스를 받고자 할 때는 전날 밤에 행거메뉴(Hanger
Menu)에 주문해 놓고 객실문 밖의 문고리에 걸어두면 지
정된 시간에 주문한 식사를 가져온다.

803. 호텔 객실의 행거메뉴는 룸서비스 메뉴와 함께 객실 내에
비치되어 있다.

804. 호텔객실 냉장고 위에는 미니 바(Mimi bar)가 갖추어져
있다.

805. 호텔 객실 내 미니 바란 음료나 주류를 비롯해 안주나 가벼
운 스낵 류를 객실에서 간단히 즐길 수 있도록 해놓은 것
이다.

806. 호텔 객실 내 미니 바를 이용한 경우에는 비치되어 있는 계
산서(Bill)에 직접 표시해 놓는다.

807. 호텔 객실 내 미니 바에 대한 계산은 체크아웃시 하면 된
다.

808. 호텔에서 객실 메이크업(Make up)이란 청소 서비스를
     말한다.
809. 객실 메이크업은 고객이 외출한 때를 이용 하루에 한번씩
     룸메이드가 한다.
810. 호텔 객실 내 베드는 저녁 무렵에 오픈베드(open Bed)라
     고 하여 투숙객이 취침하기 편하도록 침구 한쪽 모서리를
     단정하게 접어놓는 서비스를 한다.
811. 호텔 객실문 밖에 DD(Do not disturb) 카드를 걸어두면
     룸메이드가 객실청소를 위해 객실을 노크하는 등 방해를
     일체 하지 않는다.
812. 호텔 객실의 DD카드는 객실문 안쪽에 걸려 있다.
813. 호텔에서 세탁물 서비스는 안내책자를 참고하면 된다.
814. 콘시어지 서비스란 호텔에서 각종 정보제공에서부터 컴플
     레인 사항의 처리에 이르기까지 고객을 위한 모든 서비스
     를 제공하는 것을 말한다.
815. 외국 출장시 현지 사정을 몰라 누군가의 도움을 받아야 할
     경우나 문제 발생시 코시어지의 문을 두드리면 거의 해결
     된다.
816. 호텔 내에서 사무보조, 우편업무, OA기기 대여 등 부대기
     능을 비즈니스 서비스라고 한다.
817. 호텔에서 체련장, 사우나, 수영장, 미용실 등 호텔의 부대

기능을 휘트니스(Fitness)시설이라고 한다.

818. 호텔에서 휘트니스 시설의 이용은 호텔에 따라 무료인 경우와 입장료를 내는 경우도 있다.

819. 호텔에서 TIP(To Insure Promptness)의 원래 개념은 신속한 서비스에 대한 대가라고 할 수 있다.

820. 호텔에서 룸메이드에 대한 팁은 하루에 1달러 정도 주면 된다.

821. 호텔에서 룸서비스에 대한 팁은 계산서의 15%정도 팁을 준다.

822. 호텔에서 도어맨이 발렛파킹 서비스를 해준 경우 주차시킬 때마다 1달러 정도씩 팁을 준다.

823. 호텔에서 벨맨에 대한 팁은 방을 안내해줄 때와 짐을 들어다줄 때 코인(50센트)을 주면 된다.

824. 호텔 프런트 직원에게는 별도 팁을 줄 필요는 없다.

825. 호텔식당의 웨이터에게는 식사한 비용의 10% 정도 팁을 준다.

826. 호텔 식당에서 소믈리에(sommelier)는 포도주와 주문한 술값의 15% 정도 팁을 준다.

827. 호텔식당에서 캡틴의 경우 자리 안내만 했을 경우 별도 팁을 줄 필요는 없다.

828. 클로크룸(Cloak room)은 코트와 모자 등을 맡겼을 경우

25센트 정도 팁을 준다.

829. 레스토랑이란 신비의 스테미너 요리를 파는 식당이라는 의
　　　미에서 유래된 것이다.

830. 레스토랑의 예약시간은 반드시 지키도록 한다.

831. 사전연락 없이 늦어지는 경우 예약 자체가 취소된다.

832. 레스토랑에서는 예약시간 경과 후 15분 정도까지만 기다
　　　린다고 생각해야 한다.

833. 레스토랑에 도착하면 일단 매니저나 리셉센 리스트가 영접
　　　하게 되어 있다.

834. 레스토랑에서 예약 사실이 확인되면 클로크룸에 불필요한
　　　소지품을 맡긴다.

835. 레스토랑에 들어갈 때는 여성을 앞세운다.

836. 레스토랑에서 매니저가 제일먼저 빼주는 자리가 상석이다.

837. 테이블 상석에는 주빈이나 여성이 먼저 앉는다.

838. 레스토랑에서는 입구에서 먼 곳, 벽을 등지고 있거나 전망
　　　이 좋은 곳이 상석이다.

839. 레스토랑에서 테이블과 거리는 주먹 두 개 정도의 거리가
　　　적당하다.

840. 레스토랑에서 식전주를 주문할 경우에는 식전주를 마시고
　　　나서 냅킨을 편다.

841. 냅킨은 입가를 가볍게 닦거나 핑거 볼(Finger Bowl)을

사용한 후 손가락을 닦을 때 사용한다.

842. 웨이터(waiter)의 역할은 예약접수, 테이블 안내, 주문접
    수, 음식 서비스 등이다.

843. 웨이터를 부를 때는 큰소리로 부르지 말고 고개를 돌려 시
    선을 맞춘 후 손을 가볍게 든다.

844. 소믈리에(Sommelier)는 와인전문가를 말한다.

845. 소믈리에가 없는 레스토랑에서는 웨이터가 와인에 대한 안
    내를 대신한다.

846. 음식에 대한 계산은 커피 혹은 식후주를 거의 마신 후 적당
    한 때에 앉은자리에서 한다.

847. 계산을 할 때는 웨이터와 눈을 맞춘 후 계산을 하고싶다는
    신호를 보내면 계산서를 가져다준다.

848. 계산을 각자 하는 경우라도 그 자리에서는 한 사람이 대표
    로 낸 후 밖으로 나와 정산한다.

849. 팁은 남의 눈에 띄지 않게 자연스럽게 주도록 한다.

850. 팁을 주는 시기는 계산이 끝난 후 계산서를 다시 줄 때 팁
    을 준다든가 수고의 표시로 악수를 하면서 준다.

851. 치즈를 먹을 때는 빵과 함께 먹는 경우 부드러운 치즈는 적
    당량을 빵에 발라서 딱딱한 치즈는 빵에 얹어서 먹는다.

852. 치즈 껍질은 냄새가 강하므로 취향에 따라 먹어도 되고 남
    겨도 된다.

853. 몇 종류의 치즈를 먹을 때는 맛이 서로 섞이지 않도록 하나
     씩 먹는다.

854. 치즈는 풍미가 약한 것부터 강한 순으로 먹는다.

855. 식사가 끝나고 커피가 나오면 상석에 앉은 사람이나 상대
     방에게 먼저 설탕과 밀크를 권한다.

856. 커피 잔에 설탕이나 밀크를 넣을 때 튀지 않도록 컵 가장자
     리로 살며시 넣는다.

857. 각설탕의 경우 설탕용 스푼이 없으면 손으로 커피 잔에 넣
     어도 무방하다.

858. 커피를 마실 때 손으로 컵을 받치거나 밑 접시를 대지 않는
     다.

859. 커피를 마실 때 데미타스컵의 경우 엄지와 검지손가락만으
     로 잡고 마신다.

860. 중국요리는 ① 북경요리 ② 사천요리 ③ 광동요리 ④ 남경
     요리 등 4가지로 구분한다.

861. 대표적인 북경요리는 양통구이, 물만두, 자장면 등이다.

862. 남경요리는 중국의 중부를 대표하는 요리로 남경, 상해,
     소주, 양주 등지의 요리가 이에 속한다.

863. 대표적인 남경요리로는 오향우육, 꽃빵, 취개, 부귀계 등
     이 있다.

864. 광동요리는 광주 중심으로 중국 남부 지방의 요리에 대한

총칭이다.

865. 광동요리의 대표적인 것은 음차와 죽이다.

866. 사천요리는 양자강상류의 산악지방과 사천을 중심으로 운남, 귀주지방의 요리를 말한다.

867. 사천요리는 신맛과 매운맛, 톡 쏘는 자주적인 맛과 향기가 요리의 기본을 이루며 마파두부, 짜사이, 새우칠리소스 등이 유명하다.

868. 중국식당 좌석 서열은 원형 탁자가 놓여진 별실의 경우에는 안쪽이 상석이고 입구 쪽이 말석이다.

869. 레스토랑에서 고객은 웨이터의 안내를 받아 자리에 앉는다.

870. 중국 식당은 중앙에 받침 접시가 놓여지며 그 위에 냅킨을 얹어서 놓는다.

871. 중식당에서 손잡이가 짧고 자기로 된 스푼을 '렝게'라고 한다.

872. 렝게는 받침용 접시와 젓가락 사이에 놓는다.

873. 중식당에서 음료용 글라스는 받침접시의 오른편 바깥쪽에 놓는다.

874. 중식당에서 요리에 사용되는 그릇은 식사 전에 새롭게 준비하여 받침접시 위에 얹어 놓는다.

875. 중식당에서 냅킨과 물수건이 함께 제공된다.

876. 중식당에서 냅킨은 식전주를 마시기 전에 무릎 위에 가지
런히 펼쳐 놓는다.

877. 중식당에서 냅킨은 핑거볼을 사용한 후 손가락을 닦을 때
사용한다.

878. 중식당에서 자리에 앉으면 바로 물수건이 제공되므로 손을
닦는다.

879. 중식당에서 회전탁자 위에 큰 접시가 얹혀 있으면 호스트
는 공동 젓가락을 갖춰 손님의 앞쪽으로 돌려보낸다.

880. 중식당에서 회전탁자가 돌아서 자기 앞에 요리가 오면 1인
분 정도 적당량을 덜고 다음 사람 앞으로 가게 회전 탁자를
돌린다.

881. 중식당에서 회전탁자는 수잔이라는 여인이 처음 고안해냈
기 때문에 수잔(Suzan)이라고 한다.

822. 고급 레스토랑의 경우 웨이터가 일일이 음식을 덜어 준다.

883. 중식당에서 요리가 새롭게 나오면 맛이 섞이지 않도록 새
로운 앞 접시를 사용한다.

884. 중식당에서 기본소스로는 간장, 식초, 고추기름의 세 가지
가 놓이게 된다.

885. 중국 요리는 뜨거운 요리가 많으므로 식지 않은 동안에 요
리를 먹을 수 있도록 민첩하게 한다.

886. 중식당에서 젓가락을 식사 중에 사용하지 않을 때는 접시

끝에 걸쳐놓고 식사가 끝나면 젓가락 받침에 놓는다.

887. 중식당에는 6~8명의 인원이 함께 가는 것이 가장 이상적이다.

888. 중식당에서 정식코스는 6명 이상부터 가능한 것으로 되어 있다.

889. 중식당에서 차를 마실 때는 오른손으로 찻잔을 감싸 쥐고 왼손으로는 잔의 밑 부분을 받쳐들어 소리를 내지 않고 맛과 향을 음미하면서 조용히 마신다.

890. 일식당 이용시는 2~3일 전에 미리 예약하는 것이 좋다.

891. 일식당에서는 소반 위에 젓가락과 음료용 컵을 세트해 놓는다.

892. 일식당에서 젓가락은 앞쪽에 옆으로 놓여 있다.

893. 일식당에서 젓가락 사용은 기본 매너이다.

894. 일식당에서 공기를 들 때는 일단 젓가락을 내려놓고 왼손으로 밥공기를 들고 나서 오른손으로 젓가락은 집는다.

895. 일식당에서는 밥공기를 든 채로 먹는다.

896. 일식당에서 종이로 싸여 있는 젓가락은 일단 오른손으로 젓가락을 빼낸 후 젓가락 받침 위에 놓는다.

897. 일식당에서 젓가락 받침이 없을 경우는 젓가락을 쌌던 종이를 접어서 받침대로 이용한다.

898. 일식당에 받침이 있는 경우 종이 껍질은 소반의 왼쪽 옆에

놓아둔다.

899. 일식당에서 젓가락을 내려놓을 때는 옆으로 가지런히 하여
     젓가락 받침에 걸쳐놓는다.

900. 일식당에서 그릇을 들 때는 반드시 양손을 사용한다.

901. 일식당에서 손에 든 그릇은 내려놓지 않고 또 다른 그릇을
     드는 등 양손에 그릇을 들고 먹는 것은 매너에 어긋난다.

902. 일식당에서 그릇을 들지 않고 앞으로 당기거나 밀지 않는
     다.

903. 일식당에서 가져온 음식을 받으면 일단 상위에 올려놓았다
     가 들고 먹는다.

904. 일식당에서 접대 받는 경우 요리를 모두 먹도록 하고 요리
     의 장식 및 기물에 대한 칭찬을 덧붙이는 것이 좋다.

905. 일본식 연회에서는 연회 시작 직후에 일본주로 건배한다.

906. 이식 연회장소에서는 건배가 끝나기 전에는 음식에 손을
     대지 않는다.

907. 일식 연회 장소에서 여성의 경우는 술잔을 두손으로 든다.

908. 일식에서 술을 권하면 가볍게 인사하고 잔을 가슴 앞쪽까
     지 들어 받는다.

909. 일식에서 술을 따를 때는 오른쪽에서 오른손으로 잔의
     80% 정도 술을 채운다.

910. 일식에서 전채는 건배를 하고 나서 먹는다.

911. 일식에서 국은 젓가락으로 내용물을 먹고 국물은 소리나지
     않게 마신다.
912. 일식에서 생선회는 반드시 홀수로 내게 되어 있다.
913. 일식에서 튀김이 나오면 바삭거리는 느낌이 없어지기 전에
     빨리 먹는다.
914. 일식에서 모듬으로 튀김이 나오면 전체 모양이 흐트러지지
     않도록 위에 있는 것부터 먹는다.
915. 일식에서 튀김은 튀김용 소스에 무즙을 넣어 섞어 찍어 먹
     는다.
916. 일식에서 튀김을 소스에 담가 놓으면 튀김옷이 벗겨지므로
     삼가 한다.
917. 일식에서 조회는 작은 주발을 두 손으로 들어 올렸다가 가
     슴 높이에서 왼손으로 들고 젓가락을 이용해 먹는다.
918. 일식에서 밥과 국의 뚜껑은 왼손으로 그릇을 잡고 오른손
     으로 열어 소반 바깥쪽에 가지런히 놓는다.
919. 일식에서 밥은 왼쪽, 된장국은 오른쪽, 절임류는 바깥쪽에
     놓여져 나온다.
920. 일식에서 된장국은 두 손을 들고 국물을 마셨다가 한 손에
     들고 젓가락으로 내용물을 먹는다.
921. 일식에서 밥과 된장국과 절임류는 균형 있게 먹는다.
922. 일식에서 냄비 요리의 경우 특정한 것만 골라서 먹거나 냄

비 속을 마구 휘젓는 일을 삼가야 한다.

923. 일식에서 생선초밥(스시)은 부서지지 않도록 생선회 부분에만 소스를 가볍게 묻혀 한 입에 먹는다.

924. 일식에서 생선회를 벗겨내고 소스를 묻힌다거나 스시를 반을 잘라먹는 일은 삼간다.

925. 호텔조식으로 아메리칸 식은 미국에서 비롯된 조식 메뉴로 가짓수가 많다.

927. 호텔조식으로 시리얼은 옥수수로 만든 콘플레이크는 차가운 우유를, 보리로 만든 오트밀은 따뜻한 우유를 따른 후 먹는다.

928. 호텔조식으로 스크램블드 에그는 달걀에 버터와 우유를 넣어 볶은 것이다. 햄이나 베이컨과 함께 나온다. 이때 햄이나 베이컨을 나이프로 잘라 계란과 교대로 먹는다.

929. 원두커피는 브라질을 비롯해 아열대 지방의 산악지대에서 생산된 것이다.

930. 스트레이트 커피는 한 가지 종류의 원두로 만든 것을 말한다.

931. 브랜드커피는 일반적으로 맛을 내기 위해 여러 종류의 원두를 섞어 놓은 것이다.

932. 카페오레는 커피에 밀크를 넣은 것이다.

933. 비엔나 커피는 커피에 생크림을 띄운 것이다.

934. 아메리칸 커피는 레귤러커피보다 엷은 맛을 내는 커피로
미국인들이 즐겨 마시는 커피이다.

935. 샌드위치는 손으로 들고 먹을 수 있게 만들어진 음식이다.

936. 햄버거를 먹을 때는 내용물이 빠지지 않도록 확실히 잡고
먹는다.

937. 호텔에서 아메리칸 플랜(American Plan)이란 객실요금
에 매일 3식의 식사요금이 포함되어 있는 숙박요금 제도이
다.

938. 호텔에서 버뮤다 플랜(Bermuda Plan)이란 객실요금에
아침식사 요금만 포함시킨 숙박요금 제도로서 콘티넨탈
플랜이라고도 한다.

939. 호텔에서 투숙 수속을 하는 것을 체크인(Check-in)이라
고 한다.

940. 호텔에서 체크아웃(Check-out)이란 숙박료를 지급하고
퇴숙하는 것을 말한다.

941. 클로크룸(Cloak Room)은 호텔, 연회장, 식당의 코트 또
는 휴대품 등의 일시 보관소이다.

942. 호텔에서 더블 베드룸(Double Bed Room)은 2인용 침대
가 1개 있는 객실을 말한다.

943. Duty Free Shop은 출국 내국인이나 외국인을 위한 면세
물품 판매점이다.

944. European Plan이란 객실요금에 식사대금을 포함시키지
     않는 숙박요금제도 이다.

945. ETA(Estimated time of Arrival)란 도착예정 시간을
     말한다.

946. ETD(Estimated time of Departure)란 출발예정 시간
     을 뜻한다.

947. 호텔에서 Twin Bed Room이란 1인용 침대가 2개있는 객
     실이다.

948. 남성이 반드시 먼저 악수를 청해야 할 때는 그가 파티의 호
     스트일 경우이다.

949. 파티에서 호스트는 초대받은 손님이 남성이든 여성이든 간
     에 상대방이 파티장에 도착했을 때와 돌아갈 때는 반드시
     악수를 한다.

950. 악수를 할 때 남성은 상대가 여성인 경우에는 특히 손을 가
     볍게 잡는 것이 에티켓이다.

951. 기혼부인에 대한 정중한 서양식 인사법으로 손에 입맞추기
     (Kissing hand)를 할 때는 부인 쪽은 손바닥이 밑으로
     향하도록 손을 내밀어야 하며 남성은 여성의 손을 잡고 입
     술을 대는 흉내를 낼 뿐, 실제로는 입술을 손에 대지 않는
     다.

952. 라틴이나 슬라브계, 아프리카의 여러 나라에서는 가까운

친구나 부모형제를 오래간 만에 만나면 포옹을 하며 볼에
키스를 하면서 반가워하는 풍속이 있다.

953. 서양에서 만찬 초청을 받았을 때 케이크를 가지고 가지 않
는다.

954. 서양에서 초청을 받아 선물을 가지고 갔을 때 선물을 내려
놓는 시점은 그 집에 들어가면서 인사를 한 후 곧바로 내놓
는다.

955. 음악회나 오페라에서 늦게 도착했을 때는 관객이나 연극자
에게 방해가 되지 않도록 반드시 한 곡이나 한 막이 끝날
때까지 기다렸다가 입장해야 한다.

956. 남성은 길거리에서나 방에서 두 여성 사이에 자리를 잡아
서는 안 된다.

957. 남성은 여성을 언제나 오른쪽에 모시는 것이 서양의 티켓
이다.

958. 여성이 무거운 짐을 들고 갈 때 남성은 그 짐을 들어주는
것이 신사의 에티켓이다.

959. 여성은 승용차를 탈 때 차 밖에서 차 쿠션에 먼저 앉고 다
리를 모아서 차 속에 들여놓고 내릴 때는 먼저 다리를 모아
서 차 밖으로 내놓고 나오도록 한다.

960. 서양에서 팁에 쓰기 위해 늘 잔돈을 가지고 다니는 것이 좋
다.

961. 서양에서 여성과 남성이 같이 있을 때 팁은 언제나 남성이
     준다.
962. 호텔에서 이성의 손님 방문을 받았을 때는 로비에서 만나
     는 것이 원칙이다.
963. 호텔에서 복도를 잠옷 차림인 맨발로 다니는 것은 삼가해
     야 한다.
964. 서양에서 이발소 또는 미용실에 갈 때는 예약을 하고 가는
     것이 상식이다.
965. 서양에서는 이발(Haircut) 하면 머리만 잘라 줄 뿐 면도
     는 따로 요구해야 해주고 세발도 따로 요구해야 해주는데
     이때 요금을 별도로 각각 더 지불해야 한다.
966. 서양에서는 이발소에서도 요금의 15% 정도의 팁을 주어
     야 한다.
967. 서양에서 부인들도 호텔의 미장원에 갈 때는 예약을 하고
     역시 팁을 주어야 한다.
968. 서양에서 택시를 이용시는 요금의 10-15% 정도의 요금에
     얹어주어야 한다.
969. 서양 도심지에서는 택시 이용시 택시 타는 곳까지 가야 한
     다.
970. 선진국에서는 길거리에서 쓰레기를 버리거나 가래침을 뱉
     어서는 절대로 안 된다.

971. 양식요리의 풀코스의 순서는 대체로 다음과 같다.

① 식전주→ ② 전채→ ③ 스프→ ④ 백색와인→ ⑤ 생선 요리→ ⑥ 적색와인→ ⑦ 고기요리→ ⑧ 디저트→ ⑨ 커피 → ⑩ 식후주

972. 중국식 요리의 풀코스의 순서는 대체로 다음과 같다.

①전채→ ② 주채(메인요리)→ ③ 디저트(메뉴의 구성: 특선명채, 희귀요리, 해산물, 가금류, 육류, 야채류, 생선 류, 스프류, 식사, 감채류, 과일)→ ① 전채→ ② 주채(메 인요리)→③ 디저트

973. 일식 요리의 풀코스의 순서는 다음과 같다.

① 건배주→ ② 전채→ ③ 국물류→ ④ 생선회→ ⑤ 조림 류→ ⑥ 구이류→ ⑦ 초회→ ⑧ 국류(된장국)→ ⑨ 밥→ ⑩ 절임류(야채절임)→ ⑪ 과일 디저트류

974. 일본인에게 선물할 때 4는 피한다.(死와 연관).

975. 일본인에게 선물할 때 흰 종이로 포장하지 않는다.

976. 일본인에게 흰 꽃(사망 상징)이나 칼(자살 상징)은 선물하지 않는다.

977. 중국인에게는 괘종 시계를 선물하지 않는다.

978. 홍콩 사람에게는 두 가지 선물을 한다(행운을 가져온다고 믿기 때문에).

979. 중동에서는 손수건을 선물하는 것은 이별을 의미하므로 적

합지 않다.

980. 라틴아메리카인에게는 칼을 선물하지 않는다.

981. 라틴아메리카인에게는 상담은 바로 시작하지 않는다.

982. 멕시코와 브라질에서 자줏빛 꽃은 사망을 의미한다.

983. 브라질 인에게 'OK'라는 제스처를 취하지 않는다.

984. 유럽에서 흰 국화는 사망을 상징한다.

985. 유럽에서 짝수의 꽃은 불행을 가져온다고 생각하므로 홀수
   로 하되 13송이는 피한다.

986. 독일인에게 빨간 장미는 구애를 뜻한다.

987. 독일인에게 꽃을 선물할 때 포장하지 않는다.

988. 독일인에게 꽃을 짝수로 선물하지 않는다.

989. 중동 사람에게는 몸을 일부라도 노출시킨 여인의 사진 또
   는 애완동물 사진은 선물로 적합지 않다.

990. 말레이시아인에게는 탁상 시계를 선물하지 않는다.

991. 프랑스인에게는 탁상 시계를 선물하지 않는다.

992. 하와이에서는 화장실 사용시 출입구 밖에서 기다려야 한다
   (문 앞 또는 바로 뒤에서 기다리는 것은 새치기).

993. 사우디아라비아에서 라마단 기간(이스람력 9월) 중 흡연하면
   처벌을 받는다.

994. 일본인이나 대만 인의 등뒤에서 손뼉을 치지 않는다.

995. 영국인에게 "생계를 위하여 무엇을 하십니까?"라고 묻지

않는다.

996. 러시아(모스크바) 레스토랑에서는 수주일, 수개월 전에 예
약해야 하며 특히 시간과 금전 약속을 안 지키면 신용 상실
을 당한다.

997. 서구 사회에서는 예약 문화를 못 지키면 생활 자체가 불가
능하다(병원에도 사전 예약 최우선, 몸이 아프면 예약부터).

998. 서구 예절의 기본은 레이디 퍼스트(Lady First)관념에
바탕을 두고 있다(다른 에티켓이 뛰어나도 여성에 대한 배려를 못
하면 진정한 신사가 아님).

999. 미국에서는 점심을 간단히 하고 저녁을 풍성하게 먹는다.

1000. 앙트레(entree)는 미국에서는 메인 코스에, 유럽에서는
스타팅 코스에 포함되어 있다.

1001. 칵테일 아워(Cocktail Hour)는 미국에만 있다.(식사 전
약1시간 동안 술을 즐긴다.)

글로벌 매너 에티켓

2004년 5월 20일　1판 1쇄 인쇄
2004년 5월 25일　1판 1쇄 발행

저　자　김 진 익
발행자　심 혁 창

발행처　도서출판 한글
서울특별시 마포구 아현동 371-1
☎ 363-0301 / FAX 362-8635
본사 홈페이지 : www.han-geul.co.kr
E-mail : simsazang@hanmail.net
등록 1980. 2. 20 제10 - 33호

▲ 파본은 교환해 드립니다

정가 13,000 원

ISBN 89-7073-085-0-93230